平凡社新書
889

象徴天皇の旅

平成に築かれた国民との絆

井上亮
INOUE MAKOTO

HEIBONSHA

象徴天皇の旅●目次

第六章 周縁から見た日本──島々への旅

はじめに

二〇一六（平成二十八）年八月八日、天皇陛下は「象徴としてのお務めについて」と題する国民に向けたメッセージを公表した。

社会の高齢化が進むなか、天皇が高齢となったとき、どのように身を処すべきなのか。政治に関与しない憲法上の立場を考慮し、法制度に関わる「退位」という言葉は使われなかったが、象徴としての務めを果たすには、終身制では無理があり、生前のうちに次世代へ皇位をつなぐことが望ましい、と天皇陛下が考えていることが理解できた。ただ、天皇の言葉だけで法制度を変えて退位を認めることはできない。日本は主権在民国家であり、国民主導で天皇の退位を議論し、多くの国民の理解を得る必要があった。

政府の有識者会議をはじめ、各メディアなどで退位が議論され、国民の大多数がこの問題に関して考えをめぐらせた。そして、特例法という形で一代限りの退位が認められ、天皇陛下は二〇一九年四月三十日に退位し、翌五月一日に皇太子さまが新天皇として即位することになった。

天皇の「発議」で議論が始まったことへの異議もあるが、国民主権の体裁はなんとか保たれたのではないだろうか。そういえるのは、退位が単に天皇の個人的願望から提起され、国民が唯々諾々と従った結果ではないからだ。

「天皇陛下、お疲れさま」という情緒的反応で退位を容認した国民も少なくなかったかもしれないが、法制度を変えるためには感情論だけではなく、理論的な根拠が求められる（ただし、退位特例法の条文は情緒的すぎる面がある）。

そのためには、まず「象徴天皇とは何者か」という問いがなされ、「象徴にはこのような役割がある」という共通認識が作られなければならない。そのうえでなければ、「象徴の役割は高齢天皇では難しく、終身制ではなく生前の退位によって皇位を継承すべき」ということが理屈として説得力を持たない。

ゆえに、退位は「象徴とは何か」という共通認識が定まってはじめて実現可能だったといえる。実際、退位をめぐる議論のなかで、数々の象徴天皇論が提議された。それは「国民のために祈るだけでいい」という神格化された天皇と、福祉施設や被災地などに足を運ぶ「活動する」天皇に大別できるのではないだろうか。

ただし、象徴天皇をめぐる議論は深まったともいえず、なんとなく感情に流されるまま、退位という結論に至ったという印象もある。そのなかで、もっとも説得力をもった意見は、ほかならぬ天皇陛下自身による象徴天皇論だったのではないだろうか。

「象徴としてのお務めについて」では、天皇の役割として「時として人々の傍らに立ち、その声に耳を傾け、思いに寄り添うこと」が大切なこととされている。人々の傍らに立つ、ということは、宮中の奥深くで祈るだけの存在では無理である。

そして「天皇が象徴であると共に、国民統合の象徴としての役割を果たすためには、天皇が国民に、天皇という象徴の立場への理解を求めると共に、天皇もまた、自らのありように深く心し、国民に対する理解を深め、常に国民と共にある自覚を自らの内に育てる必要を感じて来ました」という。

天皇が国民に理解を求める「象徴の立場」と「自らのありよう」は何か。はっとさせられたのが次のくだりだ。天皇陛下が考える象徴の具体的な姿がそこに示されていたからだ。

「日本の各地、とりわけ遠隔の地や島々への旅も、私は天皇の象徴的行為として、大切なものと感じて来ました。皇太子の時代も含め、これまで私が皇后と共に行《おこな》って来たほぼ全国に及ぶ旅は、国内のどこにおいても、その地域を愛し、その共同体を地道に支える市井《しせい》の人々のあることを私に認識させ、私がこの認識をもって、天皇として大切な、国民を思い、国民のために祈るという務めを、人々への深い信頼と敬愛をもってなし得たことは、幸せなことでした」

日本の各地を訪れ、そこに住む人々に接し、その暮らしを目の当たりにしてこそ、国民統合の象徴としての役割を果たせる。東西南北の広範囲に島々が散在し、気候、風土、文化などで様々な姿がある日本と日本人。それらを視野に収め、理解しなければ象徴とはいえず、国民のための祈りも空疎なものになる。

私は天皇陛下の象徴天皇論をそう解釈した。皇室取材を十数年経験し、天皇、皇后両陛下の旅に何度も同行したが、天皇陛下が象徴の役割としてこれほど旅を重視していたことを、正直、この言葉を聞くまで理解していなかった。

私の勉強不足もあるが、これまで象徴のあり方と旅を結びつけた象徴天皇論を読んだことがなかったからだ。天皇と旅というと、昭和天皇による戦後巡幸が思い出されるが、これは天皇によるある種の「おわび行脚」であり、戦争の荒廃からともに立ち上がろうという奨励の旅の面があった。象徴天皇のあり方とは別ものである。

天皇陛下の象徴論は「なるほど、旅こそ象徴天皇のあり方の根幹なのか」という説得力があるが、コロンブスの卵で、いままでだれもこのような定義をしてこなかった。天皇としての旅を実体験した本人でなければ論じ得ない象徴天皇像なのかもしれない。

天皇陛下は即位後、全都道府県を二巡している。皇太子時代に一巡しているから、三巡したことになる。訪問した離島は五十四。外国訪問は皇太子夫妻時代に四十二カ国、即位後は三十六カ国にのぼる（いずれも二〇一八年三月時点）。

これほど国内外を旅して回った日本人は、ほかにはまずいないのではないだろうか。旧自治省出身の山本信一郎宮内庁長官が「地方自治の仕事を長くやってきた。そういう先輩や後輩もいる。そのなかで全都道府県を二巡したという人間はおそらく一人もいないと思う」と話しているほどだ。

両陛下の旅は驚くべき経験といってよく、その視野には余人ではうかがい知れない風景が広がっているのではないかと想像する。この旅の積み重ねの末に練り上げられたのが天皇陛下の象徴天皇論であり、そこに確信と自信を感じる。

私は一九九二年五月〜九三年六月の約一年間、そして二〇〇六年三月から現在（二〇一八年八月）まで、計十二年ほど宮内庁担当記者として両陛下の動向を取材してきた。その間、何度も両陛下の旅に同行した。それでも両陛下の長大な旅の歴史のほんの一部を垣間《かいま》見ただけであり、前述したように象徴天皇と旅について考察が欠けていた時期が長く、同行取材での見聞経験も節穴めいた面が多々ある。

同行取材中はほぼ一日中両陛下と行動をともにし、同じ場所で同じ風景を見て、同じようにその地域の人々の姿と声に接する。しかし、報じるのはそのわずかな部分でしかない。

見聞した総量の百分の一もないかもしれない。

あまり事細かに報じすぎると、「天皇新聞」「天皇テレビ」になってしまう。旅の同行取材で見たもののほとんどは余録として取材メモのなかで眠らせておくのも仕方ないと思っていた。

しかし、旅こそ象徴天皇のあり方の根幹という天皇陛下の象徴論を聞いて以降、書かずにいた旅の余話のなかにも象徴天皇を理解する材料があるのではないかと思うようになった。古いメモ帳を繰ってみると、そのときは気づかなかったが、いまになって「ああ、こういう意味があったのか」と感じる部分がある。

また、忘れてはならないのが、象徴天皇の旅における皇后の役割の大きさだ。高齢者、障害者、災害被災者など社会的に弱い立場にある人たちに接するとき、皇后の存在は必要不可欠といえる。旅における象徴的行為を皇后も担っており、天皇、皇后両輪の「双頭象徴制」といっても過言ではないと思う。

両陛下に同行して各地に足を運ぶと、迎える地域の人々、自治体、警備の警察など様々な風景が見える。そこには象徴天皇による国民統合のよき事例と同時に、この国が内包する危うさも見える。

天皇は日本で最高の権威だけに、その威を借りて政治的に利用しようという動きが常にある。天皇の旅はそのような勢力がつけ入る絶好の機会でもある。また、天皇の名を借りて、市民生活の圧迫が当然のごとく行われたり、日本人にありがちな付和雷同の風景も見うけられる。天皇の旅を礼賛するだけではなく、それに便乗し、その趣旨とはかけ離れた方向へ人々を誘導する動きに警戒を怠ってはいけないとも思う。

これまで私たち報道機関が天皇、皇后両陛下の旅を報じる際は両陛下の動向が中心で、これらの風景に言及することはほとんどなかった。しかし、そういった風景も象徴天皇と日本人を考えるにあたっての大事な材料ではないかとも思いはじめた。

後世、「平成時代の天皇、皇后と国民の関係はどうだったのか」と歴史家が調べる際、そのような風景も時代を知るための資料になるかもしれない。私自身、近現代史を調べ、雑文を書いたことがあるが、雑談余話めいた事柄においてこそ、その時代の空気を知ることができ、面白く感じた経験がある。

本書は天皇、皇后両陛下の旅に密着した記者の見聞記だが、両陛下の姿だけではなく、その旅に関わった人間、訪れた各地域の人々、旅が引き起こした現象なども含めた風景を記したつもりだ。むしろ後者に重点を置いたといえる。

本書で取り上げた旅は、私が取材したもののすべてではないが、「天皇の象徴的行為」として、まさに象徴的な意義を持つと考えたものを意識して選んだ。国内外の人々が象徴天皇、もしくは「象徴夫妻」をどのように受け入れ、接したのか――。
平成の象徴天皇と旅を考えるにあたって、本書で描いた風景が何がしかの材料になりえるなら幸いである。

井上亮

本書はテーマ別に構成したため、時系列順に記述されていない。各章には宮内庁幹部が重複して登場するが、肩書はその時点のものである。

第一章

人々のかたわらへ

国内の旅

熊本県合志市のハンセン病国立療養所「菊池恵楓園」を訪れ、入所者に声を掛ける天皇、皇后両陛下。2013年10月26日（共同）

分刻みのスケジュール

私の皇室担当記者としての初仕事は旅から始まったといえる。

宮内庁の記者クラブ（宮内記者会）に赴任したのは一九九二（平成四）年五月の大型連休明けだった。新聞記者として七年目、三十一歳になったばかりだった。経済紙の記者だが、事件取材しかしたことがなかった。いわゆる「切った、張った」の現場とは正反対の「雅《みやび》な空間」は、私には眠ったような世界に思えた。宮内庁の薄暗い庁舎内を歩きながら「かび臭い建物だな」などと感じていた。

そして、着任から早くも四日目、同月九日から四泊五日で福岡県、佐賀県の地方行幸《ぎょうこう》啓《けい》に同行取材することになった。皇室に関する詳しい知識はない。「ギョーコーケー」と聞いて、「何それ？」というレベルだ。天皇の外出を行幸《ぎょうこう》、皇后・皇太后・皇太子夫妻の場合は行啓《ぎょうけい》という。天皇、皇后がそろって出かける場合は行幸啓になる。一般では使われない言葉だ。

このときの行幸啓の名目は「第四十三回全国植樹祭にご臨席併せて地方事情ご視察」だった。植樹祭は国民体育大会、全国豊かな海づくり大会とともに毎年行われる天皇、皇后の旅の一つで、これらは三大行幸啓といわれている。この年は福岡県での開催だったが、

「即位後できるだけ早く全都道府県を一巡したい」という天皇、皇后両陛下の希望もあり、平成の初期の地方訪問では行事開催県と隣県の二県訪問が通例だった。

ちなみに全国一巡は二〇〇三年十一月の鹿児島県訪問で達成しており、二〇一七年十一月には同じく鹿児島県の屋久島、奄美群島訪問で二巡目となっている。

両陛下の行幸啓の一週間から十日ほど前になると、訪問先の県の広報課長以下が上京し、宮内庁庁舎内の宮内記者会で日程全般について説明することになっている。「記者に説明するため、わざわざ東京まで出てくるのか」と驚いた。訪問県の担当者は事前に宮内庁を訪れて入念な打ち合わせをする。宮内庁側も行幸啓主務官を務める総務課長（警察庁出身）らが数カ月前から何度か現地を下見し、両陛下の移動ルートや訪問先施設などの検討、確認を行う。

県の説明会では「報道のしおり」という小冊子が記者に配られる。両陛下の日程と訪問先の施設、宿泊ホテルなどの詳細が書き込まれている。日程表の各訪問先が四角の線で囲まれていることから、通称「ハコ日程」という。「しおり」は、いうなれば地方行幸啓ガイドブックだ。同行している間、記者は肌身離さずこの「しおり」を携帯する。

よく「分刻みのスケジュール」と忙しさの比喩に使われるが、「しおり」に掲載されている両陛下の日程表はまさしに分単位の予定だ。たとえば初日の五月九日の予定では、午前九時三十三分に赤坂御所（当時は皇居内の御所が完成しておらず、赤坂の旧東宮御所が天皇、皇后の住まいの「御所」だった）を御料車で出発。二十七分かけて十時に羽田の東京国際空港に到着する。福岡県入りしたあとは午後零時十四分に福岡県庁到着。二時十九分に出発し、三十四分かけて二時五十三分に視察先の高齢者施設到着、という具合である。

宮内庁では両陛下の出発を「御発《おんはつ》」、到着を「御着《おんちゃく》」という。宮殿の車寄せは「御車寄《みくるまよせ》」と呼ぶなど、皇室を担当した当初は「とりあえず御を付けておけばいいのだな」と思ったものだ。

天皇、皇后の行動はすべてが予定どおり進むわけではない。数分の誤差は必ずある。それでも予定を分単位で刻んでおくのは警備の事情が大きい。両陛下の車が進行する際は信号をストップするなど交通が規制される。予定時間どおり効率的に実施されなければ市民生活に大きな影響を及ぼす。

また、訪問先も何時間も前から準備を進めており、時間が狂うと段取りなどで迷惑をこうむる。ただ、これらは迎える側の事情であり、両陛下の意向や都合よりもそちらを優先しているともいえる。

皇室担当になった年、地方行幸啓先の県の広報課長らによる宮内記者会での説明会になんどか出席したが、そのときの印象は「記者クラブがずいぶんいばっていて、県の連中はペコペコしているな」だった。

なにしろ皇居のなかなどめったに入れるものではない。地方から来た役人はなおさらだろう。そこで待っているのは、数ある記者クラブのなかでも指折りの強面《こわもて》がそろう宮内記者会である。腰が低くなるのも無理はない。

この時期は昭和の生き残りの〝海千山千〟の長老記者が何人もいた。記者会の「天皇」ともいわれ、昭和の末期に昭和天皇の腸の病状をスクープして新聞協会賞を受賞した朝日新聞の岸田英夫さん。皇室事典などを著した毎日新聞の畠山和久さん。昭和天皇についての著作を何冊か著した時事通信の稲生雅亮《いなおまさあき》さんらだ。

宮内庁の庁舎に入るためには皇居の坂下門や乾《いぬい》門などを通過しなければならない。記者会の会員記者は宮内庁から通行証を発給されており、「門番」の皇宮警察官（正確には護衛官という）に提示するのだが、長老記者は顔パスである。ときたま経験の浅い若い警官が通行証の提示を求めると、「オレの顔を知らんのかっ！」と一喝する。それを見て「すごいなあ」と思ったものだ。

皇室担当になる前に所属していた警視庁の記者クラブではキャップでも平均四十歳代前半だった。宮内記者会には当時の私から見れば父親世代の五十歳から六十歳超の「おじいさん記者」がたくさんいた。「古色蒼然たる場所を取材する記者もそれに見合った古色をおびるのか」と失礼な感想を持ったりした。

ただ、昭和から皇室の取材を続けている記者には、天皇制が「いつか来た道」に逆戻りしないようチェックし続けることが自分たちの役割であるとの自覚が濃厚にあった。現在の記者はそのような意識がやや希薄になっている印象がある。

現代の大名行列

五月九日、天皇の旅同行初体験が始まる。最初の行き先は植樹祭が開かれる福岡県だ。飛行機で移動する場合、記者は一時間ほど前に羽田空港に集合する。宮内記者会は新聞・通信・テレビで計十五社。通常は一社一人が同行するので十五人程度になる。

両陛下の乗る特別機には宮内庁長官、侍従長、侍従、女官長、女官、総務課長ら宮内庁の幹部、側近と皇宮警察本部長、護衛官らが随員として乗り込む。「へーっ」と思ったのが、警察庁長官も随行することと、閣僚が「お見送り」をすることだった。三大行幸啓では首相も見送りに駆けつけるのが慣例だ。

「天皇の旅とはそこまでのものなのか」

恐れ入ったというよりも、やはり日本は天皇を中心に回っている国なのか、という感を強くした。

記者は前もって特別機の後方部に乗り込む。両陛下は前方部で、機体左側の座席に座る。出発する際に見送りの人たちから見て機体が左側を向けているためだ。天皇陛下が窓側に座る。両陛下が席についたあと、随員がぞろぞろと乗り込んでくる。

その末尾の方に特別機を運航する航空会社の社長がいた。それを見たある記者が「あれは万が一のときに責任をとるためだよ」と冗談をいっていた。

福岡空港に着くと、タラップの下で奥田八二福岡県知事のほか、県議会議長、福岡市長、同市議会議長、県警本部長らが出迎えていた。

この日は五月晴れのすがすがしい空模様。天皇陛下はグレーのスーツ、皇后さまはベージュのツーピース。トレードマークの小さな帽子も同色にそろえている。真珠のネックレス、左胸にブローチ。定番スタイルだ。

昭和の末期は高齢の昭和天皇の姿が国民の目に焼き付いていた。平成新時代が始まって三年あまり。五十八歳の天皇陛下、五十七歳の皇后さまの姿はとても若々しく見えた。天皇の旅が象徴としてどのような意味を持つのか、私はまったく理解していなかったが、皇室に新しい風が吹いていると感じた。

タラップを降りた両陛下が御料車に乗る前に、私たち同行記者は機体後方からそそくさと降り、待ち受けていた報道バスに乗り込んだ。両陛下の車列が動き出したら報道バスはそのうしろを追従する。この報道バスは訪問先の県が用意するもので、通常は二台。宮内記者会が1号車、地元の記者が2号車に乗ることになっている。

車列は特別機前から出発し、福岡県庁に向かった。まず先導の白バイ、次に行幸啓主務官の宮内庁総務課長が乗る前駆車が続く。前駆車の次が両陛下の御料車。護衛官が同乗している（天皇や皇族の身辺を警護する選抜された護衛官を側衛官という）。車両前部のポールには天皇旗がひるがえっている。天皇旗は紅地に金色十六弁の菊花。御料車には必ず取り付けられる。

御料車のうしろには側衛の白バイ、県警本部長、側衛長らが乗る後衛車が付ける。その次に宮内庁幹部を乗せた供奉車が続く。第1供奉車に乗っているのは宮内庁長官の藤森昭一氏。昭和天皇大喪の礼、平成の即位礼を取り仕切った歴史に残る長官だ。同じ車に昭和末から平成にかけて八年間侍従長を務めた山本悟氏が乗る。

第2供奉車は侍従と侍医。第3供奉車は女官長と女官。そして知事と県議会議長らの第1随従車、警察庁長官、皇宮警察本部長の第2随従車、無線自動車、後押さえの白バイが続く。

記者の報道バスはこのあとだ。記者のほか宮内庁の報道係と県の広報課員が乗り込む。行幸啓の期間中、旅行会社の添乗員のように報道対応に務める。彼らの目の離れたところでの単独自由取材は許されない。行幸啓中は記者会の腕章が必携となる。

「まるで修学旅行だ。これが取材といえるのだろうか」

初めて報道バスに乗ったときの感想だ。各自が「自由に」動き回ると現場の警備が混乱する。各ポイントで取材便宜がはかられており、その〝代償〟としての拘束であることは理解できるが、何か釈然としない気持ちだった。

車列はこれで終わりではない。御料車などに故障があったときに備え、予備車両三台と予備白バイが続く。まさに現代の大名行列だ。御料車と報道バスの間に七台もの車両と白バイが走行しているため、両陛下の様子など見えようもない。これでは何のために車列に追従しているのやら。

車列が長いと通行止めの時間も長くなり、地域の日常生活への影響も大きい。さすがに供奉車三台はいかがなものかということになり、平成の半ばごろから供奉バス一台になった。

天皇の車両が信号で停まらなくていい法的根拠

天皇の車列が行くところ、信号はすべて青だ。車が停止することはない。そうでなければ分刻みの日程など組めない。昭和時代や平成の初期は対向車線の車まで止めていた。では、なぜ天皇の車両は信号で停止しなくてもよいのか。その根拠を問われると、皇室担当でも答えられる記者は少ないのではないだろうか。

法的根拠は道路法、道路交通法などにあるのだが、少々ややこしい。簡単にいうと、道路はそもそもだれもが自由に往来できる場所だが、野放図な自由を許せば交差点での正面衝突など大事故を招く。そのため信号機や標識で交通を規制している。ただし、各都道府県の道路交通規則では緊急車両など交通規制対象から除外する車両が定められている。そのなかに「警衛列自動車」が明記されているのだ。警衛とは主に要人警護のことだが、警察では皇室警護を意味する。

天皇の車列が緊急出動の消防車や救急車と出くわしたらどうするか。その場合は車列がストップして道を譲ることになっている。これは両陛下の強い意向だ。私はこういう場面を何度か見たことがある。

ノンストップ走行のおかげで、車列は空港から十分少々で福岡県庁に到着した。行幸啓取材に慣れるとあたりまえのように感じてしまうのだが、目的地までまったく停止せず走行するということは一般的な市民生活ではなかなか得られない経験だ。

だが、快適にすっ飛ばすという感じでもない。車列はときにノロノロ走行になる。沿道で迎える市民（奉迎者という）の前にさしかかると、両陛下が窓から手を振るため御料車はスピードを落とす。そのたびに報道バスのエンジンブレーキの音が響き、乗っている記者たちがつんのめることもある。

沿道の奉迎者は一日で一万人近くに上ることもあるのだが、ほとんどの人が日の丸の小旗を振っている。初めて見たときは「これだけの数の旗をだれが配っているのだろう」と不思議に思った。あとで知ったのだが、訪問先の自治体が配布し、旗を振るボランティアを募ることもあるという。また、保守系の任意団体が旗を用意していることも多い。

奉迎の人たちの大半は心から両陛下を歓迎して集まっていたのだろうが、若かった私は「どうせどこかから動員されてきたサクラだろう」とひねた見方をしていた。当たらずとも遠からずではあった。

ちなみに御料車では天皇陛下が右側、皇后さまが左側に座るので、沿道の人々からは皇后さまがより近く見える。

かつてあった県広報課の記者接待

福岡県庁には約二時間滞在し、この間、県勢概要聴取が行われた。歴史、気候、経済、地場産業のほか災害の状況など、その地域の様々な情報について知事が両陛下に説明する。地方行幸啓での恒例だ。そのあと、両陛下は知事や県議会議長らと昼食をともにした。

この間、同行記者は取材ができない。記者用の控室で県が用意した弁当を食べ、おとなしく待っているしかない。もちろん弁当の代金は支払うが、ますます修学旅行感が強まる。午前十時ごろから午後二時過ぎまで両陛下につきっきりだが、取材をしたという気持ちにならない。

午後二時二十分ごろ、車列は県庁を出発。福岡市内の特別養護老人ホームに向かった。ここで両陛下は入所している高齢者の機能回復訓練や園内活動として行われている器楽演奏を見学した。

地方での福祉施設訪問は定番である。ようやく取材らしい現場にきたと思ったが、こういう場が初体験の私にとっては少々面食らう情景だった。

両陛下が到着すると、施設の理事長と院長が出迎え、先導して案内し始める。そのうしろを知事や宮内庁長官、侍従長、警察庁長官ら随員、記者が続く。車列の人員がそのまま降りてきて、徒歩の大名行列を繰り返すのだ。

この集団をたいていの人は肝をつぶしたような目で見る。施設の高齢者たちはさぞ驚いただろう。「これでは両陛下が見えない。取材するのは至難だ」と思ったが、車列と違って随員の前に出て横に広がることが許されるため、案外両陛下に近寄ることができた。

両陛下は手芸などで機能回復の訓練を行っている高齢者たちに近づいて声をかけていく。

ほとんどが女性だ。皇后さまが優しげな笑みを浮かべてしきりに話をしているので、その内容を聞き取ろうと一メートル近くまで接近した。しかし、皇后さまの奥ゆかしい声は背後からではほとんど聞こえない。結局、かすかに聞こえた「お元気でね」しかメモに取れなかった。

両陛下が「後期高齢者」の年齢に達して以降もこのような高齢者施設訪問は続けられた。しかし、両陛下より若い入所者も多くなり、さすがに違和感も出てきた。天皇陛下が七十九歳、皇后さまが七十八歳だった二〇一三（平成二十五）年五月の鳥取県植樹祭の際に特別養護老人ホームを訪問して以降は地方訪問での高齢者施設訪問はなくなっている。

老人ホーム視察を終えた両陛下は午後五時過ぎに宿所のホテルニューオータニ博多に入った。両陛下の宿泊先はその地域で一番のホテルが選ばれる。同行記者も同宿する。ホテルは警備の警官だらけ。他県警からの応援も多い。両陛下の宿泊階はワンフロア貸し切りになる。中規模以下のホテルになると一般客はすべて排除される。

一日の日程を終えると、ホテルに用意された会見場で知事、侍従、行幸啓主務官の記者会見が行われる。知事が「一昨年の国体に続いて両陛下をお迎えできたことを県民一同喜んでいる」「老人ホームでは一人ひとりに実に優しく声をかけられ、従業員を含め感激している」といった定番コメントを表明する。

侍従が前年の台風被害に対して天皇陛下からお見舞いの言葉があったことなどを紹介した。このときの侍従は手塚英臣氏。同氏は学習院の中・高等科で天皇陛下の一年後輩。寮では陛下と同室だった人だ。銀行勤務のあと平成元年から侍従となっていた。のちに侍従次長、掌典長《しょうてんちょう》を務めることになる。記者嫌いで、個別の取材には応じてくれない人だった。

このほか、同日の奉迎者が約一万三百人だったことなどが公表される。私たちがすでに見聞きしていることがほとんどで、とくに新たな情報はない。

このあと午後六時半過ぎから、ホテルの宴会場で両陛下臨席のもと、植樹祭関係者の立食の懇親会が開かれた。これも恒例行事らしい。午後七時半前には終わった。原稿は短く出稿。「さあ、夜の博多に繰り出すか」というときに県の広報課長が「皆さんのために店を予約しているのでぜひ」といってきた。ほとんどの記者が参加するようなので、「そういうものか」と思ってついて行った。

地元ではよく知られているという料亭で、十数人が座れる座敷に通された。刺し身や鍋料理が出てきた記憶がある。広報課長の音頭で乾杯後、皆どんどん飲み始めた。二時間超ほど飲み食いして店を出ようとしたとき、「きょうはこちら持ちですから」と課長がいう。「いいのだろうか」と周囲を見るが、他社の先輩記者たちはあたりまえのような顔をしている。

中央官庁で官官接待などが問題になる前の時代だった。「官マス（マスコミ）接待」にうしろめたい空気はなかった。もちろん、現在はこんな慣例は絶滅している。

植樹祭は必要なのか

翌五月十日は本番の植樹祭式典が夜須《やす》高原で開催された。高原の山の斜面をざっくりと切り開いたような場所に会場があり、国道から通じる道はアスファルトで舗装されたばかりのように見えた。

「植樹祭のために道路を作ったんだよ。天皇が来ると道路ができるといわれている。国体でもそうでね。全国あちこちに国体道路がある」

と、他社の記者が教えてくれた。昭和天皇の戦後巡幸のころ、行く先々の道路や施設がきれいに整備されるため、「天皇は箒《ほうき》」と揶揄《やゆ》されたものだ。その〝慣例〟は平成になっても続いていた。

今回の植樹祭開催のための経費は約二十億円だという。この式典会場を造成するにあたり、福岡県は周囲の生態系に与える影響を調査せずにスギ、マツなど約四千四百本を伐採した。これに地元の市民グループが抗議していた。県の説明は「多くは雑木で伐採に問題はない」というものだった。

「木を伐採しておいて植樹というのは矛盾していないだろうか」と思っていたところ、式典の来賓の一人だった鳩山邦夫文部大臣が「雑木だからといって伐採してもよいのか」という批判を込めたあいさつをした。

主催の県にとっては予想外のこと。夕方の記者会見でこのことを問われた奥田知事は「雑木とか雑草とか名づけることはわれわれのエゴ」と批判を受け入れざるをえなかった。前年九月の台風被害で県内の森林被害は約三百五十億円といわれていたから批判は当然だった。

私はその後も何回か植樹祭の取材をしているが、このときに感じた違和感をいまだに持ち続けている。「植樹祭は必要なのか」という思いだ。

植樹祭は戦時中の乱伐により荒廃した国土の緑化推進運動の行事として、一九五〇年四月に山梨県甲府市で初めて開催された。昭和天皇が出席したことから、天皇の臨席が慣例となった。しかし、高度経済成長を経て国土が完全に回復して以降は形骸化しているといえる。毎年数十億円以上をかけて現在もこの催しを続ける意味はあるのか。

私が経験した限り、ほとんどの植樹祭会場は山中の森林を伐採した場所で行われている。地域住民を立ち退かせたあとに公営住宅をつくるようなものだ。

植樹祭は三大行幸啓の一つであり、天皇の公的行為のなかでも重要なものと位置づけられている。それゆえに国土の現状にかんがみた縮小・廃止ということが阻まれ、「惰性」で続けられているとしたら、本末転倒といわざるをえない。

このときの植樹祭では物議をかもす出来事がもうひとつあった。バンザイ三唱問題だ。昭和時代から植樹祭では「天皇、皇后両陛下バンザイ」を三唱することが慣例となっていた。しかし、公の場での行為としては時代錯誤で、平成の新時代にはそぐわないという意見もあった。前年の京都での植樹祭から取りやめとなり、両陛下入場の際も式典参加者は座ったままで出迎えるスタイルに変わった。皇室への親しみという観点から、宮内庁からもそのような要請があったという。

二年前の即位礼正殿の儀で首相が「天皇陛下、バンザイ」と音頭をとり、参列者が三唱したことにも議論があった。公の場での天皇バンザイは戦前の天皇絶対主義、軍国主義を想起させるとして、拒否反応を示す人も少なからずいた。一連の即位儀式を終えたあとの記者会見で、天皇陛下に「天皇陛下バンザイという言葉は、先の戦争でずいぶん若い人たちが死んでいったわけですが、どんなお気持ちでお聞きになりましたか」という質問があったほどだ。バンザイに対して微妙な感情が交錯していた時期だった。

しかし、植樹祭でのバンザイ取りやめには保守層から批判があったらしい。それを受けてか、福岡の植樹祭でバンザイが復活。両陛下入場時の起立も行われ、一年でもとにもどってしまった。バンザイも起立も個人の自由意思で行われるのなら批判はできない。しかし、それが強要されるような空気があるなら問題だ。

それに植樹祭は国土緑化推進が目的で、天皇、皇后は来賓のはずだ。そこでの「両陛下バンザイ」にはやはり違和感がある。かつて国民に「天皇陛下、バンザイ」と叫んで死ねと強要した時代があった。この言葉を聞いて、何の引っ掛かりも感じないとすれば、歴史を刻む最前線にいる記者としての資質が問われる。天皇を取材する記者はなおさらだ。

いまでこそそういえるが、当時の私はこのことを一行も記事にしなかった。新米皇室記者として、植樹祭の行事を報じるのに精一杯で、このバンザイ復活を記事に昇華させる問題意識をもちあわせていなかった。思い返すと忸怩《じくじ》たるものがある。

「これが平成流か」

植樹祭式典を終えた両陛下は、国立夜須高原少年自然の家で昼食をとったあと、在宅心身障害児療育訓練施設「やすらぎ荘」を視察した。脳性マヒ、自閉症、小児ぜんそくなどの療育訓練を行っており、在宅の心身障害児を対象とした全国でもめずらしい施設だった。地方行幸啓では、このような児童福祉施設訪問も定番だ。

両陛下は広いフロアに座った子どもたちがアニメソングなど歌ったりしながら訓練をする様子を見守る。そのうち、両陛下が床に膝をついた。子どもたちの視線に合わせるためだ。「これが平成流か」と思うと同時に、私たち記者は立って見ているべきだろうか、とあわてた。

小さい子どもが相手だと天皇陛下の対応はどこかぎこちなさもあるが、皇后さまはニコニコ顔で実に接し方がうまい。「こういう施設訪問には女性の存在が不可欠。平成の皇室は天皇、皇后両輪で動いているんだなあ」と思った。

障害者など社会的弱者の施設を訪問することは意外に難しい。いくら誠実な態度であっても、しかつめらしい顔ばかりでは見ている方も息が詰まってしまう。この面で皇后さまの存在は非常に大きい。場の空気を和らげる天性の資質をもっている。それは「おちゃめ」であることだ。ユーモアの精神といってもいい。

このときから十七年もあとのことだが、二〇〇九年の十一月に両陛下が大阪の障害者高等支援学校を訪問し、介護や清掃実習の場を見学したことがある。生徒が廊下をモップで清掃している場で、すでに拭き終わった床の部分を通るとき、皇后さまがピョンとそこの部分を飛び越えた。周囲から爆笑が起き、緊張していた生徒らの表情が実にいい感じで和らいだ。天皇にはとてもこういうことはできない。

二十五年を隔ててつながった「あさくら讃歌」

やすらぎ荘視察のあと、両陛下は甘木《あまぎ》市の甘木文化会館に立ち寄った。甘木市は二〇〇六年に隣の杷木《はき》町・朝倉町と合併し、現在は朝倉市となっている。会館では地域住民による「あさくら讃歌」が披露された。

この歌は皇后さまと関係がある。甘木市出身の詩人、宮崎湖処子《こしょし》に「おもひ子」という詩があった。この詩に皇太子妃時代の皇后さまが曲をつけて、幼い浩宮（皇太子さま）のための子守歌にした。それにちなんで、おもひ子を挿入してつくった合唱組曲があさくら讃歌だった。両陛下の前で初演された。

両陛下とともに聞いていたはずだが、まったく記憶にない。それが二十五年後に数奇な縁で両陛下とつながることになり、私もその場面を目にすることになった。

二〇一七年七月、福岡・大分県に大きな被害をもたらした九州北部豪雨で、朝倉市では三十人以上の死者・行方不明者が出た。同年十月二十七日、両陛下は被災者を見舞うため同市役所杷木支所を訪れた。そこでは六人の被災者と懇談したのだが、そのなかの七十二歳の男性が新聞記事の切り抜きを両陛下に見せた。

それは二〇〇一年八月にこの地域の混声合唱団「あさくら讃歌合唱団」が東京での芸術

フェスティバルであさくら讃歌を歌ったときの記事だった。このフェスティバルに両陛下が臨席しており、九年ぶりに讃歌を聴いていた。豪雨で亡くなった男性の妻（当時六十六歳）がこの合唱団の一員だったという。

新聞記事を見せ、「妻は陛下と皇后さまの前でコーラスを歌ったことがありました」という男性に天皇陛下は「あのときに聞かせていただいたんですね」といい、皇后さまは「あのときの。覚えていますよ。さみしくて残念なことですね」と答えていた。

両陛下が支所を出る際、見送りに集まった人たちのなかから、あさくら讃歌の歌声が自然と響き渡り、両陛下は足をとめてしばらく聞き入っていた。

旅の行く先々でこのようなつながりを持てる人がほかにいるだろうか。象徴天皇だけがなしえること、と感じた場面だった。

神出鬼没の「追っかけおばさん」

植樹祭翌日の五月十一日、両陛下は八女《やめ》市の八女伝統工芸館、大川市の福岡県工業技術センター・インテリア研究所を視察して佐賀県に入った。訪問地域の伝統産業や技術関係の研究所なども定番の視察先だ。佐賀ではまず県庁に行き、ここでも知事から県勢概要の説明が行われた。

県の発表ではこの日の奉迎者は約一万五千五百人だった。県庁前など両陛下が車を降りる場所で待ち構える奉迎者のなかから、いつも似たような「テンノウヘイカーッ！」「ミチコサマーッ！」という女性の甲高い叫び声が聞こえることが不思議だった。

「追っかけだよ」と他社の記者に教えてもらった。両陛下の行くところ、全国どこでもついていって写真を撮影することを〝趣味〟としている人たちがいることを初めて知った。おもに皇后さまをお目当てにしていて、見たところ四十―六十歳代の女性が多い。新聞記者が持っているよりもずっと高価な一眼レフカメラを手にしているので驚いた。

「ああいうおばさまたちから週刊誌に秘蔵写真が流れるんだよね」と同じ記者がつぶやいた。そういうことか、と思った。

皇室取材ではカメラの撮影ポイントが厳格に設定されており、大半はカメラ台数を絞った代表撮影だ。それゆえ、同行記者といえども設定場所以外からの撮影はご法度だ。何十社ものカメラが入り乱れて現場が混乱するのを避けるため、宮内庁と報道サイドによる長年の協議の末の措置だ。だから天皇や皇族を撮影した写真、動画はどの社も同じようなものになる。

ところが「追っかけおばさん」たちは神出鬼没、自由自在の角度からシャッターを押せるため、記者会に加盟している大手メディアとは違う「独自映像」の撮影が可能になる。

そういう写真が週刊誌に載るたびに、記者会の記者たちは「お行儀良くルールを守っているのがむなしいなあ」とぼやき合っている。

植樹祭当日、皇后さまは五月晴れに映える白のツーピース。佐賀県入りした日は福岡県到着時と同じ色のベージュだが、また違ったツーピース姿。衣装も帽子も毎日変わる。加えてはじけるような笑顔。女性週刊誌などが掲載する写真対象としてはこれ以上ないものだろう。

佐賀県二日目の十二日は午前中に佐賀市の県総合体育館で県内高校生のバドミントン、新体操の練習風景を視察。多久《たく》市に移動して老人保健施設を訪問した。

施設訪問では両陛下は到着後いきなり視察を始めることはなく、いったん休所で十分ほど関係者と歓談しながら過ごす。その間に同行記者は取材場所に移動して待ち構える。

多久市の施設に入る際はスリッパに履き替えなければならなかった。そそくさと靴を脱いでいると、玄関口のど真ん中に男性の革靴と女性のハイヒールが並んでいるのに気がついた。

「両陛下の靴だ。めずらしいな、こんなに近くで見るなんて」

と何人かの記者が興味深げに見入っているので、私もうしろからしげしげと眺めてみた。とくに高級という感じもしない。いわれなければ両陛下のものとはわからない、ごく普通の靴のように思えた。

だれかが「どこの製品かな?」というと、ある長老記者が「両陛下の靴は○○だよ。御用達だ」と教えていた。「長くやっている皇室記者は両陛下の持ち物の製造元まで把握しているのか」と感心した。

午前中二件の訪問を終えた両陛下は午後一時過ぎに多久市内にある研修施設へ移動。昼食をとったあと三時前に次の視察場所の佐賀県畜産試験場に向かうことになっていた。ここで予定外のことが起こる。

研修所のすぐ近くに孔子を祭る国の重要文化財「多久聖廟」があった。昼食後、両陛下はそこに足を運んだのだ。報道のしおりには聖廟訪問は書かれていなかった。この日夕方の会見で手塚侍従は「きのうの時点では聖廟に寄るかどうかは未定だった。両陛下のぜひ見たいというお気持ちを受けて、今朝訪問を決めた」と説明した。

分刻みでがっちりとスケジュールが決まっている地方行幸啓では「気が向いたからふらっと」ということはまずありえない。昼食会場と聖廟が近かったこともあるが、めずらしいケースだった。

ソープランドの看板に目隠し

畜産試験場の視察を終えた両陛下の車列は午後五時半過ぎに武雄市のホテルに到着した。車列での移動も四日目でかなりくたびれてくる。

沿道で多くの人たちが日の丸を振る光景は相変わらず。報道バスのなかから奉迎の人たちを観察すると、車列の大名行列に目をむき「両陛下の御料車のあとにくっついている車とそれに乗っている人たちは何者？」というようなことをささやきあっていることがわかる。

記者会のなかに赤ひげ風の立派なヒゲをたくわえている記者がいた。沿道の子どもたちがバスのなかのその記者の姿を見て「あっ、ヒゲの殿下だ！」と叫んでいた。その記者も調子に乗って、皇族きどりで優雅に手を振っていた。ヒゲの殿下とは三笠宮家の寛仁親王のことだが、あの子たちはバスに殿下が乗っていたと信じたのだろうか。それともこちらを茶化していただけだったのか。

この日の移動では奇妙な光景を目にした。温泉街とわかる地域にさしかかったところ、いくつかの建物の看板に白い布がかぶせられ、「目隠し」がほどこされていた。聞けば、ソープランドの看板だという。両陛下に「不浄のもの」はお見せできないということか。だれが指示したかわからないが、「いまだにこんなことをしているのか」と各記者から失笑が漏れた。

武雄市内での宿泊場所は山あいの静かな場所にある老舗ホテルだった。私たち記者や随員が泊まる棟と離れた場所に瀟洒《しょうしゃ》で真新しい日本家屋があった。両陛下のお泊まりどころとしてこのホテルが特別に改築した別棟らしい。

県の関係者によると億近い費用がかかったという。「両陛下が一泊するだけのために？たいへんな赤字ではないですか」と聞くと、「大丈夫。ホテルではこのあと、両陛下がお泊まりになった部屋として、一泊数十万円で営業するようですから」という。商魂たくましいというか、天皇の商業利用というか……。

ただ、老舗ホテルだけあって、ここの温泉には満足だった。車での「長旅」の疲れもかなり解消された気分になる。ただ、この日は閣議のある火曜日。ホテルには内閣からの書類が届いており、天皇陛下は到着してすぐ公務をこなしたという。私たちのようにだらっとしている時間はない。

高速インターで天皇旗の〝着脱儀式〟

五月十三日、福岡・佐賀の旅も五日目の最終日。同日の予定は特別史跡の吉野ケ里遺跡の視察のみ。環濠集落跡や復元された竪穴《たてあな》式住居、発掘調査の現場などを両陛下と一緒に見て回った。

ここでも大勢の奉迎者と日の丸。一方、こちらは両陛下のうしろに随員、記者、カメラマン、そして警備の警官など、百人近い行列が続く。ふだん静かであろう遺跡は、にわかに騒然たる雰囲気に包まれた。一時間超の視察を終えた両陛下は近くの農協会館で昼食。同行記者も弁当をとる。この五日間、昼食は弁当ざんまい。何を食べたかは記憶にない。

午後二時過ぎ、東京への帰途につくため車列は福岡空港へ向かう。約一時間。ほとんどが高速道での移動のため、奉迎者の前をノロノロ走行することはなかった。ただ、高速道を乗り降りするたびに車列がストップする。高速料金を支払うため、ではもちろんない。御料車の前部にある天皇旗の着脱作業をしていたのだ。

現在の御料車ではこのような作業は必要ないが、当時は高速走行すると風で天皇旗が外れて飛んでいってしまう恐れがあったらしい。インターの入り口前で御料車から降りた側衛員が重々しく天皇旗を外す。高速を降りた時点でまたストップし、旗を装着する。その光景は何かの儀式のように見えた。

福岡空港に着くと、特別機に乗り込んで五分程度で離陸態勢に入る。けっこうあわただしい。両陛下が高齢になって以降は空港に到着してから三十分程度の休息時間をもうけるようになったが、このころはかなり瞬発力を要する移動だった。

特別機は午後五時前に羽田に到着。タラップの下には御料車が控えている。記者は飛行機のわきで両陛下の車列を見送る。両陛下は奉迎者に対するように窓を開け、私たちに会釈してくれる。こちらもお辞儀をする。

象徴天皇の旅初体験はこうして終わった。修学旅行気分はそのままだった。皇室担当になる前の二年あまり、警視庁で事件記者生活を送っていたときは朝駆け夜回りの毎日で、一日の拘束時間は平均十六時間。夜中にたたき起こされ、事件現場を駆けずり回る「どぶ板取材」を続けていた。

それに比べると皇室取材はずいぶんと上品で天国のようだった。天皇が各地方を巡る意義は何か、を深く考えることはなかった。そのための知識も経験も欠いていた。

国体から始まった新たな巡幸

もうひとつの三大行幸啓、国民体育大会の話に移る。

天皇が毎年全国各地で開催されるイベントに出席する慣例は国体から始まった。天皇が全国をあまねく旅したのは、よく知られているように昭和天皇の戦後巡幸が始まりだった。ただ、これは一度きりのことで、その後は全国を回る名目がなかった。

一九四七（昭和二十二）年十月、昭和天皇は北陸巡幸の途中、石川県金沢市で開催された第二回国体開会式に出席した。非公式の出席だったが、これが最初の天皇の国体開会式出席だった。二年後の四九年に東京で開催された第四回大会に天皇と皇后が出席し、以後毎年の臨席が慣例となった。

国体も植樹祭も毎年各都道府県持ち回りで開催され、全国を巡回していく。そこに出席することで天皇が全国巡幸を繰り返す名目ができた。天皇が各地の国民と親しく接する機会を得ることになり、「国民に心を寄せる」象徴天皇のスタイルはこれらのイベントで確立されていったという見方もできる。

私の経験として、まず二〇一二年九月二十八日から三十日までの第六十七回国体にともなう岐阜県行幸啓を紹介する。一九九二（平成四）年植樹祭の地方行幸啓初体験から二十年。私は三十歳そこそこの若造から五十を過ぎた「長老」記者となっていた。

記者同様、両陛下も年をとった。天皇陛下は七十八歳、皇后さま七十七歳。天皇陛下はこの年の二月に心臓の冠動脈バイパス手術を受けていた。以前と比べて日程はゆるやかになってはいたものの、初日の二十八日には定番の障害者関係の福祉施設訪問がしっかりと入っていた。

両陛下は身体障害者、知的障害者の施設訪問を皇太子夫妻時代から続けている。地方行幸啓のスケジュールには、かならずといっていいほど障害者施設訪問が組み入れられている。長く記者をやっていても、特別な取材テーマがないかぎり障害者に関心をもって施設を訪れる機会はなかなかない。記者が関心をもたないということは、障害者や施設について報道されないということであり、人々の視野に障害者が入ってこないということだ。

両陛下に「引き連れられて」行くことで、私たち記者は施設の実際を見て、障害者について知ることになる。障害者への理解を深め、より詳しく報道しようという動機につながるだろう。国民が障害者について知るための窓が開かれるといってもいい。私自身、両陛下の同行取材を経験しなければ、障害者が人間として尊厳をもって生きている姿に接する機会を得られなかっただろう。

翌二十九日の午前に岐阜市の長良川の鵜飼伝承館を視察した両陛下は午後一時前に開会式が行われる岐阜メモリアルセンター長良川競技場に到着した。いったん貴賓室で休息したあと、競技場正面スタンドのロイヤルボックスに着席する。

同行記者の席はたいていロイヤルボックスの左隣に設定される。斜め後ろから両陛下を見ることになり、表情などは見えない。競技場の大型スクリーンに両陛下の姿が映し出されるので、真横の両陛下ではなく離れたスクリーンを凝視するというおかしなことになる。

会場では式典前演技が行われている。歌あり、踊りあり。地元に関係のある山車などがグラウンドを回る。県出身の俳優や歌手など著名人が司会に起用されることが多い。このときは二千人以上が演技に参加した。

準備を重ね、懸命に演技した人たちには悪いが、各地での大会開会式を取材していると、どれも似通ったワンパターンに見える。おそらく前例踏襲の影響だろう。植樹祭でもそうだが、現地には次の年の開催県の先遣隊が視察のために入っている。彼らは懸命にメモをとり、写真を撮影している。その結果、「こうあらねばならない」「このようにすれば無難だ」という型ができあがり、毎年どの県でも金太郎あめのように同じような様相の催しとなってしまう。

式典前演技が終わると、航空自衛隊のブルーインパルスの編隊が現れ、バックスタンド側から両陛下のロイヤルボックスへ向けて飛行機雲の白い線を空に描く。毎年の式典の慣例だ。

このあと開会式が始まり、選手団の入場、知事の開会宣言、天皇杯・皇后杯返還、大会会長（日本体育協会会長）と文科大臣のあいさつが続く。国体を含め、かつては三大行幸啓の式典では天皇陛下のお言葉があったが、高齢の陛下の負担軽減のため二〇〇九年からなくなっている。

知事の個人パフォーマンス

式典の最後に炬火《きょか》が入場し、各ランナーが引き継いで炬火台に点火される。ここで目を疑うような光景に出くわした。

古田肇岐阜県知事が白のランニングシャツを着て、炬火ランナーとしてトラックを走っているではないか。大型スクリーンには同じように国体の開会式で炬火を持って走る青年の映像が映し出されている。こちらはかなり古い映像だ。

聞けば一九六五年に岐阜県で国体が開催されたとき、当時高校生だった古田知事が炬火ランナーとして走っている映像だという。四十七年のときを経て、再び生まれ故郷の岐阜県で開かれた国体で炬火を持って走る。しかも、知事となって。

本人にとっては感無量であろう。しかし、国体に参加している選手、式典に関わる人々、そして両陛下や私たち取材する記者にとっては何の関係もないことだ。知事の立場を利用して、国体開会式という公の場でこのような個人的パフォーマンスが許されるのか。知事は政治家である。天皇臨席の場での政治活動と受け取られてもしかたがない。

天皇が関わる場でこういう個人パフォーマンスをする人がときたまいる。それは天皇の権威を利用した自己宣伝であり、やってはいけないことだと教えなければならない。

昔の宮内記者会の長老記者がいたら怒髪天《どはってん》をつく勢いで批判しただろう。このとき同行していた記者のなかでは私が最長老になっていた。「夕方の会見で自分がいうしかないな」と腹をくくった。

ホテルに戻り、予定より遅れて午後五時半に会見が始まった。まず地元の記者から痛烈な一撃があると思っていた。それを受けて、宮内記者の立場で天皇が臨席する行事での公人の振る舞いを諭すつもりだった。

ところが地元紙や全国紙の支局記者から出る質問は、あろうことか知事のパフォーマンスを礼賛するものばかりだった。

「なんだ、知事を批判したら今後の取材がやりにくくなるとでも思っているのか。それとも、問題意識自体がないのか」

こちらはそんなしがらみのない立場なので、やおら手を上げて遠慮会釈なく聞いた。

「私は何年か宮内庁担当記者をやってきて、国体開会式も何度か見てきましたが、今回ほど露骨な自己宣伝が組み込まれた開会式を見たことがない。知事がお若いころ炬火ランナーを務めた『美談』を新聞のインタビューなどで語るのは自由でしょう。しかし、なぜ自身がまたランナーを務め、競技場の大画面で何度も実況を流す必要があるのか。これでは知事が主役だ。国体の主役は選手でしょう？　知事が主役になってどうするんですか。まして、知事は政治家だ。これは政治的宣伝と受け止められる可能性がある。こういうパフォーマンスはだれが発案したんですか。知事ご自身ですか」

会見会場が凍りついた。県の広報課職員らがざわつく。知事の返答は「ご批判は真摯に受け止めます」だけだった。

再起をうながしたハマギク

国体などの行幸啓が災害被災地訪問とセットになることがよくある。二〇一六（平成二十八）年九月に岩手県で開会式が行われた第七十一回国体での行幸啓は、東日本大震災被災地復興状況視察を組み入れたため、四泊五日の長い日程になった。訪れた被災地は大槌《おおつち》町、山田町だった。

岩手県は広い。被災地は太平洋岸だ。国体開会式と両陛下が観戦予定の競技は内陸の北上市、盛岡市で行われる。このため、車での移動が総計で約三百八十キロにおよぶことになった。

ヘリでの移動も考えられたが、天候が悪い場合は被災地訪問を断念しなければならないリスクがあった。被災地を見舞いたいという両陛下の意向が最優先のため、あえて負担の大きい陸路が選択された。

初日の九月二十八日は、正午過ぎに特別機で花巻空港に着いてから夕刻まで車での移動で終わった。御料車と車列は午後四時半過ぎに大槌町の三陸花ホテルはまぎくに到着した。ホテル前で御料車を降りた両陛下はいつものように奉迎者に手を振る。クールビズのワイシャツ姿の天皇陛下の背中の曲がり方が少し増したように感じた。他の記者に聞いてみたが、やはりそう感じるという。

前月の八月八日に退位の意向をにじませた「お言葉」を公表したばかりだった。こちらの思い込みかもしれないが、どことなく哀愁が感じられた。

玄関前ではホテル関係者が写真の額を持って出迎えていた。それを見て私はふだんのくせで身構えた。先の岐阜国体開会式での知事のように、天皇の前で何かと自己宣伝をする人がいる。このときも「ホテルの歴史の写真など見せて宣伝するつもりか」と瞬間的に思った。

事前の下調べ不足による誤解だった。その写真はホテルの社長の兄で、津波で亡くなった先代社長と妹の遺影だった。六階建てのホテルは三階まで津波に襲われ、社長を含め従業員ら五人が犠牲になっていたのだ。

社長を継いだ弟は廃業も覚悟していたが、震災の年の十月の皇后誕生日に公開された映像を見て再起を決意したという。そこに映っていたのは皇居内でハマギクを前にした両陛下の姿だった。

両陛下は一九九七（平成九）年に岩手県で全国豊かな海づくり大会が開催された際、このホテルに宿泊した。ホテル近くの海岸にはハマギクが咲いており、その後、ホテルからタネが贈られた。そのタネが芽を出して皇居内で育っていたのだ。ハマギクの花言葉は「逆境に立ち向かう」。社長は両陛下からのメッセージと受け取ったという。

翌二十九日、両陛下は復興した新おおつち漁協地方卸売市場を視察した。小雨模様。滑って転ばないための用心か、皇后さまはウラがギザギザ模様のスニーカーを履いていた。報道バスから見た大槌の町は道路の両側に更地が続き、古い建物がぽつんぽつんと建っているだけだった。震災から五年半を過ぎてもまだこの状態なのかと思った。

立ち寄り先の大槌町役場前では地元のお年寄りたちが傘を差して待っていた。御料車を降りた両陛下はお年寄りの列に近づき声をかける。奉迎者のなかにお年寄り、身障者、幼い子どもたちを見つけると、両陛下は必ず近寄って声をかける。私たち記者は「お年寄り、障害者の引力」と評している。

このお年寄りたちは、両陛下が役場を出る際も見送ろうと、その場に残っていた。小雨は降り続いている。三十分以上そのままだった。警備の都合上、奉迎者を固定した場所から動かさないことがある。高齢者、身障者でもおかまいなしだ。どうかと思う。

このあと車列は山田町へ向かった。山あいの県道に人家はほとんどない。けわしい道とトンネルが続く。ときおり日の丸の小旗を振る少人数の奉迎者が立っている。まさに「遠隔の地」への旅だ。こういう地域に天皇、皇后が足を運ぶことで、人々は「忘れられていない」「見捨てられていない」と感じるのだろう。

被災地の毒舌ばあちゃん

この日の夜、私は釜石市内の飲み屋に入った。プレハブづくりの、いわゆる復興飲み屋街にあるカウンター五席ほどの小さな店で、七十歳を過ぎたえらく元気のいいばあちゃんが一人で営業していた。

「天皇が来ると道がよくなる。天皇の車がここを通ったとき、たまたま引っ越しの荷物を運ぶ途中でえらい迷惑だった。でも天皇が来るっちゅうから待ってた。けど待てど暮らせど来ない。（警察は）すぐ来るというて待たせる。来たと思ったら、あっという間に通りすぎた。写真なんて撮れなかったわ」

ばあちゃんは家も店も津波で流されたという。

「三日前に仮設住宅から復興住宅に引っ越した。不便だわ。一人には広すぎて。仮設だと何でも手を伸ばすところにあったから。仮設の住み心地？　悪くなかったよ。夏は両側の戸を開けとけば風通しがよくて涼しかった。支援物資をいろいろもらったけど、マスクとタオルがあまってしょうがない。あんなもん一人じゃ使いきれんわ。ほとんど捨ててしまった」

かなりの「毒舌ばあちゃん」だったが、焼酎のお湯割りを飲みながら聞いた話はおもしろかった。そして、両陛下を迎える被災地の人々の心情もさまざまであることを知った。

翌三十日は花巻市まで移動だけの一日だった。昼食会場の釜石市の合同庁舎前で大勢のお年寄りが日の丸の小旗を振って迎えていた。

「美智子さま〜、ありがとうございます〜」「天皇さま〜、お体を大切に〜」は相変わらずだが、天皇陛下に向けた声が従来にまして大きかった。退位の「お言葉」の影響だろう。

御料車を降りた両陛下は〝引力〟によって、奉迎者の前列で椅子に座っていたお年寄りに近寄って行く。

「天皇陛下、お会いできて幸せです。九十歳になります。ありがとうございます。長生きしてよかった」

「九十歳とはめでたいですね。皆さん、どうぞお元気で」

というやりとりが交わされた。

国歌斉唱に加わらない理由

十月一日、北上市の北上陸上競技場で第七十一回国民体育大会の開会式が行われた。式典前演技、ブルーインパルスの飛行、選手入場とおきまりの次第が続き、国歌斉唱となった。場内の参加者は起立して国歌を斉唱する。記者席の記者たちも同様だ。しかし、私は座ったままでいた。

一人座り続ける姿は「君が代に反感をもつ記者か」と見られるかもしれない。別にそうした思想をもっているわけではない。起立と国歌斉唱に加わらないのは「記者は客観的な観察者であり、当事者と一体になってはならない」という信念があるからだ。

たとえば、歌手のオーディションの場で、審査員が特定の候補者の番になって突然起ち上がり、一緒に歌い始めたらどうだろう。その中立性が疑われ、審査員失格といわれてもしかたがない。

皇室担当記者は天皇および天皇制の「審査員」でもある。天皇が関係する行事もしかり。天皇という日本最高の権威はつねに何者かによって利用される危険性がある。そうさせないため、客観的に第三者として、皇室および関係する事象を観察し、問題があれば批判する。それが皇室報道にたずさわる記者の責務だと先達から教えられてきた。

国体などの行事で主催者、参加者と一緒になって起立し、国歌を斉唱することは、自らを当事者と一体化させることになり、客観的な目を曇らせてしまう。それが理由である。

そんなもの形式じゃないか、何を杓子《しゃくし》定規なことを、といわれるかもしれない。しかし、どこかで線引きをしなければ、ずるずると〝皇室ベッタリ〟報道に堕してしまう恐れがある。両陛下の人柄が魅力的だからこそ、客観報道に徹するためのいましめとしての「起立せず」「歌わず」である。

平成の初期の時期は国歌斉唱で立ち上がる記者はほとんどいなかった。いまは屈託なく主催者とともに国歌を歌う記者が多い。

国体開会式を終えた両陛下はそのままホテルにもどった。数年前ならもう一件訪問予定を入れているところだが、行幸啓四日目であり、車での長距離移動もあって、さすがにきつい。午後四時半からの記者会見でも知事、侍従から「両陛下ともお疲れのように見えた」との発言があった。

会見では地元紙の記者から「皇后さまはいつも陛下の腕をとっているのか」と質問があった。心臓手術以降、万が一の転倒を懸念して両陛下が「腕を組む」姿がおなじみとなっている。正確にいうと、天皇陛下が皇后さまの腕をつかんでいる。陛下がエスコートしているように見えるが、万が一の転倒をふせぐため皇后さまが支えになっているのだ。国民一般はすでに承知していると思っていたが、ふだんとくに皇室に注意を向けていない人にとっては目新しく映るのか、と思った。

午後六時からホテルの宴会場で国体関係者らが参加した懇談会が開かれ、両陛下も臨席した。植樹祭同様、三大行幸啓では必ずこのような場が設けられる。両陛下は三十分程度で会場をあとにするが、立ちっぱなしなので高齢の二人には負担ではないかといつも思う。懇談中の陛下を見て、やはり背中の曲がり具合が気になる。騒々しいなかで多くの人と話をするためか、両陛下とも補聴器をつけている。両陛下がいつから補聴器をつけるようになったか、はっきり覚えていないが、東日本大震災の年以降だと思う。

翌十月二日の行幸啓最終日。午前十時過ぎに花巻市のホテルを出た両陛下は、体操競技を観覧するため盛岡市内へ向かった。途中の沿道で陸上自衛官の堵列《とれつ》があった。百人近くはいただろうか。堵列とは両陛下の御料車に向かって自衛官が整列、敬礼することだ。地方行幸啓先では必ず見かける光景だ。

かつての軍と天皇の関係を想起させるため、自衛官の堵列が問題視された時期もあった。平成の初期のころは遠慮気味に行われていたと記憶しているが、最近は堂々と「大部隊」が整列していることが多い。

この日の皇后さまの装いはブルーの帽子とマント。晴天に鮮やかに映える。てっきり新調したものだと思っていたら、後日、皇室関係の番組を見て驚いた。番組で一九九七年の大槌町での海づくり大会の記録映像が流されていて、そのときの皇后さまの服装がブルーの帽子とマント。まったく同じだった。

今回の大槌町訪問の際に着なかったのは、ちょっと寒かったせいか、被災地では派手すぎると考えたからか。しかし、前回の大槌町訪問を意識したことは確かだ。身につけるアクセサリーやバッグなど、皇后さまの装いには何か意味が隠されているから油断できない。

大興奮、夜の提灯奉迎

もう一件、国体行幸啓の見聞を述べる。二〇一七（平成二十九）年九月二十九〜十月一日の愛媛国体だ。この本が出版される二〇一八年夏時点では最直近の国体である。

高齢の両陛下に配慮して、初日からかなりゆるやかなスケジュールだった。羽田空港を正午に出発。昼食は機中でとる。ここ数年、両陛下は移動中の飛行機、新幹線で昼食をとることが多い。そうすることで前後の予定がゆったりとれるようになるからだ。

午後一時半ごろに松山空港に到着した両陛下は、松山市中心部の愛媛県美術館に移動。県勢概要聴取と美術館見学を終え、四時過ぎには宿泊所の松山全日空ホテルに入った。

五時十五分ごろから知事、侍従、行幸啓主務官の会見。六時前にはこの日の予定は早々と終了した。記者仲間と早めの夕食に出たが、仕事はまだ終わっていない。ホテル前での提灯奉迎を見なければならない。

提灯奉迎は両陛下が宿泊するホテル前で夜、提灯を手にした地元市民が集まる催しだ。

被災地や慰霊訪問を除く地方行幸啓で行われている昭和時代からの慣例だ。

この日は午後八時から始まった。道路を隔てたホテル向かい側の裁判所敷地内に提灯と日の丸小旗を手にした人々が「天皇、皇后両陛下、ありがとうございま〜す！」「バンザーイ！」などと叫ぶ。この提灯と日の丸小旗は保守系団体が配っているケースが多い。しばらくすると、ホテル上層階の窓に二つの提灯の灯りがぽっと浮かぶ。両陛下が集まった人たちに向けて振っている提灯だ。これもおなじみの光景だ。人々の興奮が高まる。両陛下が提灯を左右に動かすのにあわせて、奉迎の人々もホタルの同時明滅のように提灯を振る。

最後に両陛下のいる部屋の灯りが点灯され、二人の姿が見える。人々の間から「テンノウヘイカーッ！」「バンザーイッ！」という絶叫が響く。バンザイは聞き慣れているが、昼間のものとは異質のテンションだ。

この夜は約四千人が集まったらしい。これだけの数の興奮状態の群衆のなかに、その興奮から一歩引いて観察している状況はちょっと恐い感じがする。「おい、そこの異分子！なぜ天皇陛下バンザイといわない」と詰問されたらどうしようか、などといつも思う。

政治集会などは昼間よりも夜に開くのが効果的だという。人間の神経は夕刻以降が大いに高ぶるからだ。夜の闇と人工的な光が興奮に拍車をかける。提灯奉迎を見学するたびに、夜の行事の効果とその危うさを考えたりする。

人々を隔離する「奉迎指導ポリス」

翌三十日は国体開会式。両陛下の車列は午前十時にホテルを出発し、約三十分かけて砥部町役場に到着した。ここに昼食も兼ねて二時間ほど滞在する。一日の最初の予定が昼食、休息というゆるやかな日程だ。

沿道には多くの奉迎者が見られた。松山は四国一の都市だけあって、通常の地方行幸啓よりも多い印象を受ける。自衛隊の堵列もしっかり組み込まれていた。

気になったのは警察による過剰とも思える奉迎者の規制だ。聞くところでは、ホテル前、沿道、両陛下の訪問先では一時間から二時間近く前から奉迎者をブロックごとに隔離状態に置き、出入りを禁じていたという。こうすれば危険人物のチェックはたしかにやりやすい。

しかし、一時間以上も身動きできずに待たされると、当然奉迎者から不平が出る。それをなだめるためにＤＪポリスならぬ「奉迎指導ポリス」が配置されている。

各ブロックを担当する警察官は「両陛下のお車は○時○分ごろお通りになります」「お通りになる前に合図を出しますので、このように小旗を振ってください」などと、奉迎のマナー指導を行う。奉迎者を退屈させないため、ひたすらしゃべり続ける。ソフト感を出す狙いか、女性警官が担当している場合が多い。

このような奉迎者の長時間隔離と警官のマナー指導が目立ち始めたのはいつからだろうか。警察が奉迎のやり方まで指導するのは越権行為だと思うし、高齢者が多い奉迎の人たちを一時間以上立ちっぱなしにしておくのも問題だ。

私が目撃したもっともひどい例は、ある県で幼稚園児らが強い雨にさらされ一時間近く立たされていた姿だ。両陛下が幼い子どもや高齢者、障害者にとりわけ心を寄せていることがよく知られており、これらの人々が奉迎の最前列に配置されることが多い。しかし、いくらなんでも雨風のなかでそれはないだろうと思った（子どもらは雨ガッパは着ていたものの）。せめて両陛下が姿を現す十分程度前まで屋内で待機させてやれないものか。こんな形で奉迎が行われていると知ったら、両陛下はさぞ悲しむだろう。

皇室警備の基本原則を定めた「警衛要則」（国家公安委員会規則）というものがある。そこには皇室警備について次のように記されている。

「警衛は、天皇及び皇族の御身辺の安全を確保するとともに、歓送迎者の雑踏等による事故を防止することを本旨とする」

その上で、「警衛の実施に当たっては、諸般の情勢を総合的に判断し、形式にとらわれることなく、効果的、かつ、皇室と国民との間の親和を妨げることのないようにしなければならない」と結んでいる。

この後段部分が忘れられ、警備当局に都合のいい警備が行われている気がしてならない。開会式会場は愛媛県総合運動公園陸上競技場。すばらしい競技場だ。全国どこでも国体の開会式は立派な競技場で行われるが、これらの競技場は国体後はどのように管理、運営されていくのだろう、採算はどうなっているのだろうか、と思ってしまう。

前述したように、開会式は毎年どの大会でも同じような式次第で進んでいく。次の年の開催県の先遣隊が入念に下見をし、前例を踏襲しているのだから当然だ。何度か見ているうちに、選手団の入場をもう少し臨機応変にしたらどうかと思うようになった。選手は北の北海道選手団を先頭に順次南に下っていって、沖縄県選手団まで進み、最後に開催県選手団が入場する。それまで北海道選手団はもっとも長く立ちっぱなしの状態で、いつも気の毒に感じる。開催年ごとに入場順を逆にしたらどうかと思うが、余計なことだろうか。

この日の夕刻、ホテルの宴会場で恒例の国体役員懇談会が開かれた。乾杯の酒は「石鎚」という地酒。ところが、皇后さまのところにはどういうわけかワインが持って行かれた。「地酒の方がいい」という皇后さまの要望で、あわててチェンジする一幕があった。

両陛下は約三十分後に会場をあとにしたが、その際だれともなく「天皇、皇后両陛下バンザーイ」の声が上がり、会場内にはバンザイ三唱が広がる。現在、植樹祭、国体などの会場ではバンザイ三唱は見られなくなったが、夜の懇親の場でバンザイ儀礼が行われている。天皇から遠い人間ほどバンザイをやりたがる。私は天皇の側近や両陛下と親しい人たちが「天皇陛下バンザイ」と叫ぶのを見たことがない。

「トメケンはできますか?」

春の植樹祭、秋の国体に続く定例の地方行幸啓が全国豊かな海づくり大会だ。三大行幸啓のなかではもっとも歴史が浅く、一九八一（昭和五十六）年に水産業の振興を目的に始まった。植樹祭同様、各都道府県持ち回りで、毎年九月から十一月の間に開催される。年によっては国体開会式よりも前になることもある。

昭和時代、海づくり大会出席は天皇の出席する公務ではなく、皇太子夫妻の仕事だった。平成以降、そのまま天皇の公務に持ち上がり、三大行幸啓といわれるようになった。

海づくり大会行幸啓の見聞については、二〇〇八（平成二十）年九月に新潟県で開かれた第二十八回大会を取り上げたい。この行幸啓には〇四年の新潟県中越地震被災地の旧山《やま》古志《こし》村（現長岡市）の復興状況視察が組み込まれていた。私は地震の年を挟む〇三—〇五年に長岡支局に赴任していた。それゆえに感慨深い行幸啓だった。

九月六日の正午ごろ、両陛下は新幹線の臨時列車で新潟駅に到着した。天皇、皇后が新幹線で移動する場合は全車両貸し切りだ。一部車両を貸し切って一般の乗客も同乗させると、警備の負担がかえって増えてしまうからだ。

同行記者は両陛下が乗る車両には同乗できず、後方の車両に乗る。同行する記者十数人程度に一両分が割り当てられるから、かなりゆったりと移動できる。

新潟到着後、両陛下は県庁でおきまりの県勢概要聴取のあと、市内の児童厚生施設「有明児童センター」を訪問した。

遊戯室で遊ぶ児童に天皇陛下が「好きな遊びは何ですか？」、皇后さまは折り紙をしている子に「どうやって作るの？」などと話しかけていた。そして、皇后さまはけん玉で遊んでいる子どもに「トメケンはできますか？」と聞いた。

「トメケン⁇」

同行記者は顔を見合わせた。玉を放り投げ、玉の穴にけん先を刺す技のことだが、その意味がすぐに理解できる記者は少なかった。

海のない県で「海づくり大会」

翌七日、新潟市の朱鷺《とき》メッセで海づくり大会の式典が行われた。植樹祭と違って屋内会場で行われる。その点に関しては森林伐採などの「環境破壊」はない。ただ、パターン化された式典の次第は植樹祭と似ている。

式典前のアトラクション、両陛下入場、大会会長（衆議院議長が務める）や農水大臣、開催県知事などのあいさつ、天皇陛下のお言葉（二〇〇九年から負担軽減のためなくなる）、水産関係の功績団体などの表彰、小学生の作文コンクール最優秀作の発表などが続く。

次に両陛下から漁業関係者への稚魚・稚貝の手渡しという「儀式」が行われる。透明のバケツに入った稚魚が地元高校生の介添えで渡される。新潟大会では天皇陛下からサクラマス、オニオコゼ、皇后さまからクロアワビ、ホンダワラ類だった。

このあと両陛下は朱鷺メッセ西側岸壁の稚魚の放流会場へ移動する。両陛下は式典のために設置された放流所のすべり台からヒラメ、モクズガニ、クロダイを海に放流した。植樹祭では両陛下による苗木の植樹が行われるが、それに該当する儀式だ。

放流のあとは大漁旗を掲げた漁船による海上歓迎行事、いわゆる水上パレードが行われて一連の式典が終了するのだが、このときは原油価格が高騰しており、漁業関係者の負担を案じる天皇陛下の意向で中止となった。

海づくり大会の費用は五、六億円程度といわれている。二十億円以上もかかる植樹祭と比べると各県の経費の負担は少ない。海、河川、水源地域の環境保全もテーマにしており、植樹祭のように環境を破壊しておいてその保全を訴えるような矛盾もないように見える。しかし、問題がないわけではない。やはりこの行事を継続する意義は何かということだ。

この行事が水産業の発展と水域の環境保全の促進に関してどのような啓発効果をもたらしているのか。何度か見ているが、一過性の慣例行事に終わっている感がある。むしろ天皇、皇后の地方訪問が主であり、その理由付けとして行事が継続されているのではないか。

もう一つの問題は、開催に関して各自治体が必ずしも積極的に手を上げているわけではないことだ。とくに海に面しておらず、水産業自体がない県は開催する意義を見いだしにくい。

二〇一四（平成二十六）年は海のない奈良県で開催されたが、奈良の山々が川を育み、その川が海を育むとして、山・川・海をセットにする苦しいテーマ設定だった。

表彰事業の対象は県内に水産業関係者がいないため、「川の水の源流を育てている」との理由で林業関係者が選ばれた。この場面を取材していた記者たちからは「海づくり大会で林業が表彰されるとはね」と笑いが漏れたほどだ。

県が選んだのは「名士」だけ

翌九月八日、両陛下は新潟市から車列で長岡市に移動し、中越地震被災地の復興状況視察に移った。正午前、長岡市役所に到着する。支局勤務時代に慣れ親しんだ場所である。

　ここで両陛下による復興尽力者のねぎらいがセットされていたが、その顔ぶれを見てあぜんとした。県が選抜したのは肩書のついた地元の「名士」ばかり。私は中越地震発生から一年四カ月ほど被災地で取材を続けたので、復旧・復興のためにどういう人たちが草の根で奮闘してきたか熟知しているつもりだった。そういう人たちは一人も呼ばれていなかった。

　バカバカしくなった。市役所内で旧知の職員らを見かけたので、取材を途中でやめて彼らとともに昼食に出た。よく通ったそば屋でへぎそばとてんぷらを食べた。懐かしい味だ。しかし、「政治的なねぎらいの場」への違和感は口内に残ったままだった。

　車列は市役所から全村避難で有名になった旧山古志村へ向かった。途中、地震の際に母子二人が亡くなった妙見《みょうけん》のがけ崩れ現場を通過した。現場道路はすでにきれいに舗装されていた。

　がけ崩れのあと、岩の間から当時二歳の男児が奇跡的に救出された場面が全国に大きく報道された。報道バスの車中で県の広報課長から「きょうのご昼食のときに天皇陛下から『○○ちゃん（救出された男児）はいま小学生ですか』とお尋ねがあり、長岡市長が『まだ幼稚園です』と答えました。しかし、これは誤りで、今年から小学校に上がったということです」とアナウンスがあった。

両陛下は訪問先のことは入念に下調べしている。それが被災地であればなおさらだ。男児が今年から小学生になっていることも当然知っていたのではないだろうか。質問は確認のためだったと思う。地元の市長よりも詳しかったのだ。

当時の森民夫・長岡市長とは旧知だった。人なつっこく、人柄は悪くないのだが、少々おっちょこちょいのところがあった。「森さん、やっちゃったな」と思った。

山古志村で両陛下は御料車からバスに乗り換え、有名になった闘牛の牛舎、復興住宅、ニシキゴイの養鯉場を視察した。震災間もないころ、山ひとつが崩落したような惨状を見ていただけに、美しい棚田がよみがえった山古志の姿に私自身感慨ひとしおだった。

闘牛の練習場では牛の角突きが実演された。そのとき、牛が勢いあまって両陛下の方へ突進した。途中で止められたのだが、周りの人間が「わっ」とひるんだのに、両陛下は微動だにしなかった。

「さすが泰然としている」

「いや、反応が遅れただけでは?」

などと記者うちで話し合っていた。

山古志の復興住宅がある竹沢団地では各住宅が相互に声をかけられる距離に建てられ、

雪よけの雁木や土間を共有できる高齢者に配慮した造りになっている。豪雪により各戸が孤立しないように配慮したモデル住宅だ。

天皇陛下は出迎えた住民に「地震の被害はどんな具合でしたか」、皇后さまは「いまどうしていらっしゃいますか。お元気ですか。大変でしょうけれど、がんばってください」と声をかけていた。

随従していた侍従は「予定時間をオーバーしても住民に話しかけられるのでハラハラした」と話していた。

「ありがとう」の意味

翌九日の訪問最終日、両陛下は長岡市の厚生会館で震災被災者との懇談に臨んだ。長岡、見附、小千谷の三市や川口町などの被災住民約六十人が招かれた。

天皇陛下「ずいぶんいろいろとご苦労なことが多かったでしょう。何をやってらっしゃいますか」

住民「農家で米作りをやっておりました」

天皇陛下「ずいぶん畦《あぜ》なんかが荒れたでしょうね」

皇后さまは被災地でボランティアを務めた女性たちに声をかけていた。

「お疲れになったでしょう。ずいぶん各地からボランティアが入られたと聞きました。ありがとうございました」

「よくなさっていただきました」

「皆さん、大変でしたでしょうね」

「ありがとうございました。ご苦労さまでした。お体をお大事にしてくださいね」

足が悪く、椅子に座った年配の男性が「座ったままですみません」というと、皇后さまは「いいえ、どうぞそのままで。お疲れは大丈夫ですか。ご苦労さま」といたわっていた。

前日の「政治的に」選ばれた復興尽力者との懇談と違い、両陛下と被災者の心の通い合いの場だと感じた。

印象的だったのは皇后さまの「ありがとう」という言葉だった。「たいへんでしたね」「がんばってください」という言葉はよく聞く。これは第三者が被災者にかける言葉だが、「ありがとう」はお見舞いに対して被災者がいうことだ。

「被災者と一心同体という気持ちなんだ。だから一人称なんだ」と思った。

懇談の場では被災住民は二列に並んでいたが、後列の人のなかには遠慮して両陛下の前に進んで出ない人もいた。会場をあとにしようとしたとき、天皇陛下は声をかけ損ねた人がいたことに気づき、引き返してきて全員と話をした。

「ごきげんよう、美智子でございます」

もうひとつ思い出深い海づくり大会について述べたい。二〇一三（平成二十五）年十月の熊本県での大会だ。といっても大会式典自体は例年通りの何の変哲もないものだった。いまでも深く記憶に残っているのは、大会とは別に地方事情視察として訪問した同県内の施設での情景である。

十月二十六日午前十時半過ぎ、両陛下と私たち同行記者を乗せた特別機が羽田を飛び立った。台風が接近していて出発が危ぶまれていたが、直前に東京を通過していた。特別機は午後零時半ごろに熊本空港に到着した。東京とは一転して快晴だ。

三年後の二〇一六年四月、熊本地方を襲った地震で空港のある益城《ましき》町では震度7を観測。多くの家屋が倒壊するなど甚大な被害を出した。翌五月に両陛下が日帰りで見舞い訪問することになろうとは、海づくり大会当時はもちろんだれも予想していなかった。

空港に着いた両陛下は合志市のハンセン病国立療養所「菊池恵楓園《けいふうえん》」に向かった。両陛下が皇太子夫妻時代からハンセン病療養所を訪問し続けてきたことはよく知られている。全国に療養所は十四（国立十三、私立一）あるが、両陛下の視察は十三カ所目だった。こののち一四年七月、両陛下は宮城県の東北新生園を訪問し、全療養所を訪ねることになる（香川県の大島青松園のみ船上から視察）。

菊池恵楓園には約三百三十人が入所していて、平均年齢は八十二歳弱。多くは身寄りのない人たちだ。私は両陛下のハンセン病療養所訪問を取材するのはこれが初めてだった。

施設に到着後、両陛下は同園の園長から施設の概要を聞いたあと、ハンセン病の資料を見学した。壁にはかつてあった監禁室や入所者の写真が展示されていた。

天皇陛下は「この車いすの人は入所者？」「この方々は地域の人ですか？」「治っても治ったと証明できなかったのですか？」などとさかんに質問していた。

両陛下は強制収容の象徴とされていたコンクリートの壁を視察。納骨堂に白菊の花束を供え、深く一礼した。このあと集会場で十八人の入所者と懇談した。

両陛下は一人ひとりに顔を近づけ、ひざをついて話しかける。

天皇陛下「ずいぶん長く入所しているのですか？」

入所者「五十年くらいです」

天皇陛下「ああ、そうですか。昔はたいへんだったでしょう。どうぞお元気でね」

皇后さまが入所者の手を握り、「ごきげんよう、美智子でございます」と話しかけたときは驚いた。目の不自由な人だったのだ。ハンセン病の療養所には病気により視力を失った人が多い。

皇后さま「おいくつになりになりましたか？」
入所者「まもなく八十二です」
皇后さま「お元気で誕生日を迎えられておめでとうございます。よい日をお迎えできますように」
私は一九九一年三月、両陛下が即位後初めて訪れたハンセン病療養所、多磨全生園（東京）のことを詠んだ皇后さまの歌を思い出した。

めしひつつ住む人多きこの園に風運びこよ木の香花《か》の香

理不尽な隔離政策により、社会の片隅で人生を過ごさねばならなかった人たちの心情はいかばかりか。両陛下がそれをわが身のことのように思っていることが、この光景を目の前で見ていればわかる。
懇談が終わるころ、感激したひとりの男性入所者が「天皇陛下バンザイ！」と叫んだ。バンザイにはどうも違和感を持ち続けているのだが、このときはそう感じなかった。

水俣で感じた陛下の感情

海づくり大会では行事の一環として小学生から高校生までの習字・絵画のコンクールが行われ、両陛下が優秀作品の受賞者に声をかける。菊池恵楓園訪問を終え宿所の熊本市内のホテルに入った両陛下は、展示されている六点の作品を観賞した。各作品の前には受賞者が立ち、両陛下に作品について説明する。

両陛下は順番に作品を見ていき、説明が終わった受賞者はその場で立っているものなのだが、このときは最初に説明をした絵画作品の受賞者の小学生の女の子がちょこちょこと皇后さまのあとをついてきた。それに気づいた皇后さまが「一緒に見たいの？　それではいらっしゃい」と優しくいった。

「みんなも一緒に見ましょうね」と皇后さまが声をかけたため、説明を終えた小中学生らが皇后さまのあとを数珠つなぎで歩くほほえましい光景となった。おそらくこのとき以来であろうか、海づくり大会では毎回このかわいい行列が見られる。植樹祭でも国土緑化運動・育樹運動ポスター原画コンクールが行われ、両陛下の作品観覧があるのだが、同じような行列が慣例となっている。

翌十月二十七日、海づくり大会の式典は熊本市内の県立劇場で開かれたが、稚魚の放流会場は七十キロ以上離れた水俣市に設定されていた。通例ではこれほど離れた場所での放流はありえないのだが、両陛下の水俣初訪問をセットする意味合いがあった。

　午前中の式典を終えた両陛下は、熊本駅から新幹線の臨時専用列車で水俣市へ向かった。水俣湾を埋め立てたエコパーク水俣に着いた両陛下は、水俣病慰霊の碑に供花、拝礼した。


慰霊碑の先に広がる水俣の海青くして静かなりけり

　翌年の歌会始で詠まれた御製だ。この日の水俣湾の海は穏やかに凪いで秋晴れの日の光を照り返して美しかった。しかし、この海がかつて幾多の人々の生をむしばんだ苦海であったことをその碑が教えていた。両陛下が地震や水害などの自然災害被災地ではなく、人災である公害の被害地域を慰霊訪問するのは初めてのことだ。

　エコパーク内での放流行事を終えた両陛下は水俣病資料館を訪れた。水俣病被害説明や写真資料などが展示されている。説明を聞きながら、両陛下は少しこわばった表情でそれらを見ていく。

　こういう場合、天皇陛下は説明の合間に短い質問をするのだが、このときの問いはいつになく「饒舌」だった。

「最初の患者はいつごろ出たんですか？　戦前にはなかった？」

大正時代から工場排水で海が汚れていたと聞くと、「ずいぶん早くから汚れていたわけですね」とうなずく。隣では皇后さまが胎児性患者の写真に無言で見入っている。

水俣病は昭和三十年代、猫の症状から水俣湾でとれた魚が原因ではないかとみられていたこと、チッソはそれを認識していながら、排水を止めたのは昭和四十三年になってからだったことなどが説明される。

「だいぶたってから排水を止めたんですね」

天皇陛下の口調に、私は憤りに近い響きを感じた。もっと早く対処していたら、被害の広がりを防げたのではないか。あきらかに陛下はそう思っていると受けとめた。視察先でのやりとりで天皇陛下の言葉から感情が伝わってくることはめずらしい。その感情の高まりは、次の水俣病患者との出会いの場でも続いた。

真実に生きることができる社会

資料館内の別室では水俣病の惨禍を語り継ぐ「語り部の会」の十三人が待っていた。水俣病被害者が両陛下と直接対面するのは初めてだ。椅子に座った両陛下を前にして、会の代表として緒方正実さんが話を始めた。

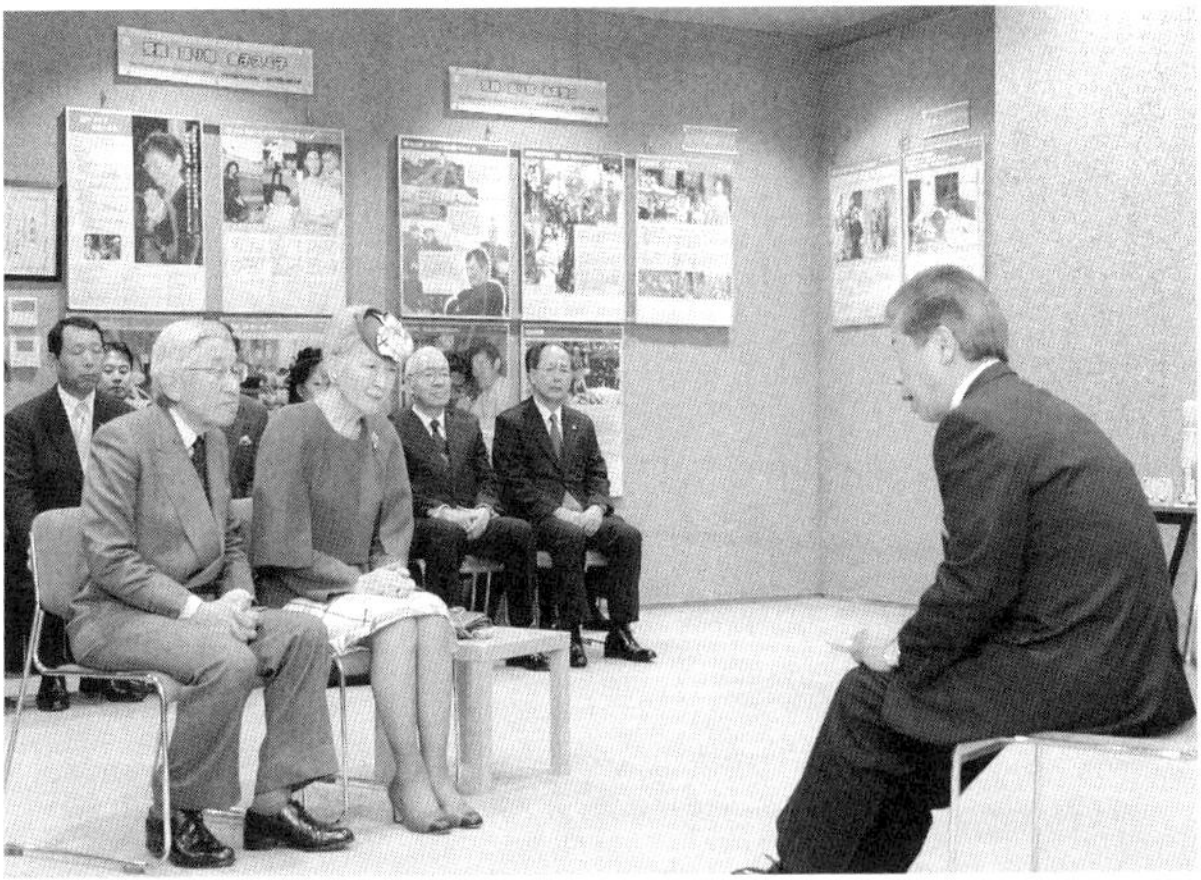

水俣病資料館「語り部の会」会長の緒方正実さん（右）の話を聞く天皇、皇后両陛下。2013年10月27日（共同）

「私たちはこれまで経験した水俣病の真実を世界の人たちに伝え続けています。二度と水俣病のような悲惨な出来事が世界で起こらないように、水俣病から学んでいるのです」

緒方さんは「伝染病や遺伝のせいではないか」と患者が事実ではないうわさや差別で苦しめられてきたことに触れ、「日本は戦後復興のなかで水俣病という重大な過ちを犯してしまいました。水俣病はけっして終わっていないことを両陛下、わかってください」と訴えた。

そして自身も差別を恐れ、水俣病であることを隠し続けていた時期があったことを告白。水俣病と向き合わなかったことはまちがいであり、「正直に生きることがどれだけ大切かわかった」と述べた。

この場は患者らとの懇談ではなく、「語り部の会活動御聴取」という名目だった。会の代表の話が終われば、両陛下が簡単なあいさつをして資料館をあとにする。その場で取材していた記者のだれもがそう思っていた。

「どうもありがとう」

天皇陛下が口を開いた。予定どおり。「あすの朝刊の記事は語り部の会がメーンだな。緒方さんの話のどの部分を切り取ろうか」などと考えていたとき、異変に気づいた。

「本当にお気持ち、察するにあまりあると思っています。やはり真実に生きるということができる社会を皆で作っていきたいものだと改めて思いました」

これは通常のあいさつやお声かけではない！　私を含め、記者たちはあわててメモを取り始めた。

「本当に様々な思いを込めて、この年まで過ごしていらしたということに深く思いを致しています。今後の日本が、自分が正しくあることができる社会になっていく、そうなればと思っています。皆がその方に向かって進んでいけることを願っています」

天皇陛下が即興でこのようなロングスピーチをする場面を初めて見た。異例のことだ。真実を語り偽りの対処が甚大な被害と差別を生んだことへの義憤がそうさせたのだろうか。真実を語らず、関係者の保身によるごまかしがいかに社会をむしばんできたか。

このあと両陛下は語り部の会の人たち一人ひとりに声をかけていった。皇后さまも「たいへんよいお話を聞かせてくださいました。本当につらい人生をこれまで歩いてこられたなかで強い意思をもたれたことに感銘を受けました」と話していた。

水俣病資料館訪問の前、両陛下は別の施設で胎児性水俣病患者の就労・交流施設「ほっとはうす」の二人と会った。「重度の水俣病患者にも会いたい」という両陛下の強い希望だった。予定にないお忍びの面会で、私たち記者は取材できなかった。

これは皇后さまと交流があり、水俣病を描いた小説の金字塔である『苦海浄土《くがいじようど》』の作家・石牟礼道子さんの要請でもあったという。

その石牟礼さんは両陛下が熊本を離れる二十八日午後、熊本空港のロビーで見送る人々のなかにいた。その前を通りかかった皇后さまは、警備の都合上、近寄って声をかけることはできなかったが、少し歩みをゆるめてほほ笑みながら手を振っていた。

第二章
親善と「外交カード」
外国への旅

タイ国王即位60年の記念行事に出席し、プミポン国王（右）の出迎えを受ける天皇、皇后両陛下。2006年６月12日（共同）

天皇外交の政治的影響

外国訪問は平成の天皇の旅の大きな特徴だ。近代以降、昭和時代まで天皇が外国を訪れた例は、昭和天皇による一九七一年のイギリス、ドイツなど欧州各国、七五年のアメリカ訪問だけだった。平成時代に入って天皇、皇后が訪れた国は三十六カ国。段違いだ。

多くの国々では天皇を元首としてもてなし、相手国の国家元首との会見もセッティングされる。政治的な話題は避けられるが、天皇が外国を訪問すること自体、日本と相手国の間に何らかの政治的な影響を与えることは間違いない。ある外務省幹部を取材した際、「政治からまったく離れた天皇の外国訪問というのはありえない」という認識を聞いた。

天皇の外国訪問は親善のみが目的であり、政治性はゼロというのはいわば顕教的見解であり、日本政府は密教的スタンスで「天皇外交」を政治的カードとして活用してきた。天皇の外国訪問は政治的行為を封じた憲法の枠を越えているという議論は古くからあり、「天皇は外国を訪問すべきではない」といった意見もある。それも極端過ぎるだろう。

私は天皇が各国との友好親善のため交流を行うことは象徴天皇の役割として意義あることだと思っている。警戒しなければならないのは、ときの政権の「私的な事情」によって天皇がカードとして利用されることだ。政治による乱用、悪用が行われていないか。それをチェックするのがメディアの役割だ。

これまでの天皇の外国訪問は訪問国と日本との関係に好影響を与えている。天皇、皇后両陛下の人柄、振る舞いは訪問国で絶賛されることが多い。多少の外交辞令もあるだろうが、両陛下の訪問は日本のイメージアップに大いに貢献しているのは確かだ。

ゆえに政府、とくに外務省は天皇の外国訪問をカードとして使いたがる。私たち皇室担当記者はそのことも踏まえ、事実を報じるだけではなく、政治的な逸脱がないか注意深く見守る必要がある。

私は二〇〇六（平成十八）年三月、九三年以来十三年ぶりに宮内庁担当に復帰したのだが、この年の六月にシンガポール、マレーシア、タイの東南アジア三カ国海外行幸啓に同行することになった。同行する前から少々気が重かったのは、同月、私の所属する新聞社が宮内記者会の幹事にあたっていたことだった。

国内の行幸啓とちがって、外国訪問の取材にはさまざまな制約がある。国内なら長年の慣例により、取材できること、できないことがはっきりしており、事前に宮内庁や訪問先の自治体、施設などと折衝を重ねることはほとんどない。

しかし、外国となると相手の事情がよくわからない部分が多い。日本での皇室取材の慣例も通じない。こちらからすると「どうしてここが取材できないんだ」「なぜ取材記者、カメラの人数がこんなに制限されるんだ」ということが山ほど出てくる。

そのため、宮内庁、外務省を通じて取材要望を相手国に伝えなければならない。要望の取りまとめは幹事が行い、宮内庁の報道室に伝える。その折衝が煩雑でけっこう骨が折れる。訪問先では「代表二名のみ」などと制限される取材ポイントも多く、そういう場合には幹事が引き受け、取材後に各社にレクチャーするケースもある。

このときの東南アジア三カ国訪問は六月八日から十五日まで八日間。合計六十三の取材ポイントがあった。これらのうちどこが取材可能か、可能な場合は何人までかといった情報を仕入れる。国内のようにどこでも全社取材可というわけにはいかず、ポイントによっては三―五人程度、場合によっては記者一人のみ可ということもある。どの社がどこを取材するか、不平等がないように割り振るための「星取表」（分担表のこと。記者会ではこう呼ぶ）の作成も行わなければならない。

また、訪問国の宿泊ホテルには取材拠点としてプレスワーキングルームが設けられる。適当な広さのフロアと、そこで必要な机、椅子、電話、ファクス、コピー機の数など、旅行代理店を通じて確保する。これらロジスティックスの要望伝達も幹事の仕事だ。

ただ、幹事は一社だけではなく、新聞とテレビの代表二社で務める。相方のテレビ幹事は現在もベテラン皇室担当として活躍している女性記者のMさん。面倒な幹事業務をてきぱきとこなす彼女にほとんど頼りっきりだった。

両陛下の会見取り止め要請

両陛下出発前の話が長くなるが、外国訪問の数日前には慣例として両陛下の記者会見が行われる。宮内庁担当記者はいつもこの外国訪問前会見を重視し、かつ楽しみにしていた。

その理由は、皇后さまの話を記者会見の場で直接聞ける機会はここしかないためだ。年に一回、誕生日を前に記者会見する天皇陛下とちがい、皇后さまは誕生日の際は文書回答となっている。記者会見は事前に提出した質問に答える形になっているが、「関連質問」として、いわゆるアドリブの問答が認められていた。こういう場合、皇后さまは非常にウイットに富んだ、おもしろい答えを返してくれるのが常だった。

ところが、宮内庁は慣例だった外国訪問前の記者会見を今回から取り止めたいといってきた。会見での質疑応答が高齢となった両陛下の負担になっているという理由だった。

このとき天皇陛下は七十二歳、皇后さま七十一歳。まだ衰えが深刻に議論されていた時期ではない。二年前の二〇〇四年、皇太子さまの記者会見で飛び出した「人格否定発言」が物議をかもし、宮内庁は神経質になっていた。両陛下が「生の言葉」で発言する機会をできるだけ減らそうという意図があると感じた。

これに対して記者会の重鎮記者Iさんが「とうとうここまできたか。これなら両陛下の外国訪問、いや皇室取材そのものをやる価値がない。われわれがこのクラブにいる必要もない。国民との対話の窓口になっている会見はわれわれの取材の中でも、もっとも大事なもの。両陛下の肉声を聞ける数少ない機会。枝葉ではなく幹である。それをばっさり切り取ろうというのか！」と烈火のごとく怒り、宮内庁に断固抗議した。すべての社が同意見だった。

結局、宮内庁は要請をひっこめ、出発の二日前の六月六日に両陛下の記者会見が行われた。この会見で両陛下から皇太子夫妻時代にタイを訪問した際、プミポン国王がクラリネットでベニー・グッドマンの「メモリーズ・オブ・ユー」を披露したことなど心温まる交友の話が紹介された。宮内庁の会見取り止めの要求に唯々諾々と従っていたら、皇室史の貴重な事実が国民に知られないままになっていただろう。

長いあいさつに苦情

六月八日午前十時半に、両陛下は最初の訪問国シンガポールへ向けて政府専用機で羽田空港を出発した。空港では小泉純一郎首相、皇太子夫妻ら皇族が見送った。

特別機には機体前部に両陛下用の特別個室がある。機体前方の座席には随員が乗る。座席はすべて通常のビジネスクラス仕様だ。首席随員は川口順子《よりこ》元外相。国内行幸啓と同様、宮内庁長官、侍従長、女官長や侍従、女官、侍医、報道係などの宮内庁職員が同行する。

国内の旅と異なるのは、外務省の事務官と宮内庁の式部官長が加わることだ。外国訪問では相手国の元首クラスとの会見、歓迎式典、晩餐など各種儀礼行事が行われる。宮内庁の儀式担当の最高責任者である式部官長は重要な役割を担う。さらに訪問先では「官長レク」といって、毎日記者会見も行う。外国訪問でもっとも忙しいのが式部官長だ。

私たち同行記者は特別機の後方部分に同乗する。外国訪問では一社二人を派遣する社もある。さらに新聞・通信、テレビのカメラスタッフが加わる。国内行幸啓とちがい、雑誌協会の代表記者、カメラマンも同行する。このときの同行記者団は総勢四十六人だった。記者団長は宮内記者会の幹事社が務めるのが慣例で、私にお鉢が回ってきた。あくまで名目上の役割である。

同行記者は当然のことながら政府専用機の搭乗料金を支払う。通常のエコノミークラスの料金で、さらに三割弱の団体割引が適用されるから、かなり「格安」である。

政府専用機が離陸してしばらくすると、慣例として記者会の幹事、副幹事の四人で両陛下にあいさつをする。通常、幹事から「同行いたします○○でございます。両陛下の旅が実り大きなものになることを願っております」程度のことを話し、その後、両陛下とごく短いやりとりがある。通常は一分程度だ。

ところが、このときの副幹事の記者がシンガポール生まれで、十歳まで現地にいたことを話すと、両陛下と少々話がはずんだ。結局、三分ほど両陛下の個室に滞在しただろうか。あとで宮内庁幹部に「時間が長すぎる」と苦情をいわれた。

歓迎式典前にスコール

六時間半超の飛行後、現地時間の午後四時十五分ごろシンガポール空港に到着。そこからシンガポール島西部にあるジュロン日本庭園に向かった。国内と同様に車列を組み、報道用のバスも用意される。私は代表取材にあたっていたため、先に現場へ向かった。

午後五時に両陛下到着。約五百人の在留邦人が出迎えた。外国訪問では必ずこのような在留邦人の奉迎や懇談の場が設けられる。

迎えたのは現地の日本人学校の小学生と母親ら。皆、日の丸の小旗を振っている。「ミチコサマ～」「テンノウヘイカ～」の歓声。小雨のなか、両陛下は子どもたちに近づき、「どちらから来られたんですか?」「学校は楽しい?」などと話しかける。

子どもらから皇后さまに「お体は大丈夫ですか」との声も。六月初め、皇后さまは風邪と口唇ヘルペスのためしばらく休養をとっていた。

この庭園が造成中だった一九七〇年、皇太子夫妻だった両陛下が二本のソテツを植樹していた。その成長ぶりの視察も目的だった。皇后さまお手植えの方が天皇陛下のものより少し小さい。「そういう配慮で育てられたのかな?」とも思った。

このあとの予定は両陛下の宿所であるフォーシーズンズホテルでの在留邦人代表との懇談（公式には拝謁《はいえつ》という）のみ。午後八時過ぎの官長レクのあと短い原稿を出稿して初日の仕事を終えた。

原稿の骨格部分は事前に予定稿として書いているため、両陛下と奉迎者などとのやりとり、いわゆるカギカッコの部分を挿入すれば短時間で仕上がる。記者仲間と遅い夕食に出る。有名なマンダリンホテルのチキンライスを食べに行った。評判どおりおいしかった。

両陛下は国賓として迎えられていたので、翌九日は各種歓迎行事が行われた。午前中は大統領官邸（イスタナ）で儀仗隊《ぎじょうたい》による栄誉礼。この日も朝から小雨模様だったが、直前に激しいスコールが降る。このため、儀仗隊長の先導で天皇陛下が大統領とともに儀仗隊の前を歩く「晴儀《せいぎ》」は中止となり、官邸玄関前のテラスで栄誉礼を受けるだけの「雨儀《うぎ》」になった。

天候の影響を受ける屋外での行事では、国内でも必ず晴儀と雨儀の二パターンが準備されている。この行事は数少ない全記者取材可の現場だっただけに、ちょっと残念だった。

このあと両陛下とナザン大統領夫妻との会見が英語で約二十五分間行われた。同大統領は一九七四年に日本赤軍がシンガポールで人質事件を起こした当時の国防次官で、身代わりの人質になったという人だった。

取材は冒頭のカメラ取材のみで、ペン記者は立ち会うことはできない。会見の概要はあとで式部官長から幹事社に電話で伝えられることになっていた。要人との会見は皇居で行われる際も取材不可であり、いたしかたない。

会見では天皇陛下から在留邦人はシンガポールを素晴らしい国とほめたたえていることが伝えられ、大統領が同国の繁栄をもたらす上で日本企業が果たした役割はとても大きかったことなどの返答があったという。お互いの国をほめ合うのはこういう場での儀礼である。

素通りしてしまった過去の戦争

午後はリー・シェンロン首相主催の午餐会、日本大使主催のレセプション、国立図書館の視察と忙しい。図書館では代表取材にあたっていたので先乗り。両陛下到着まで一時間以上待機させられる。ここは前年に開館したシンガポール自慢のハイテク図書館で、総ガラス張りの十六階建て。地元中学生など約七百人が出迎えた。

天皇陛下からは『日本産魚類大図鑑』全三冊、皇后さまから講演録『橋をかける』、御歌集『瀬音』など計十八冊が図書館に寄贈された。訪問した記念に両陛下が署名を行い、取材陣はあとからこれを見学できた。ペン字での両陛下の署名を見るのはめずらしく、「へえ、こういう字なのか」としげしげと見つめた。

夜はホテルでシンガポール建国の父といわれるリー・クアンユー元首相夫妻の引見があった。天皇は海外では元首扱いなので大統領など対等の「元首同士」だと「会見」になるが、それ以外は「引見」と表現する。

午後八時からは大統領夫妻主催の晩餐会が官邸で行われた。取材は冒頭のみ。記者は代表の五名に限られ、ブラックタイが義務付けられる。公式の晩餐会でいつも注目されるのが天皇陛下のスピーチだ。陛下は両国の四十年間の友好関係に言及したあと、次のように述べた。

「しかしながら、私どもは、それに先立つ先の大戦に際し、貴国において、尊い命を失い、様々な苦難を受けた人々のあったことを忘れることはできません。わが国の人々は、この歴史に思いを致し、東南アジア地域の安定と発展、さらには世界の平和と繁栄に貢献すべく力を尽くしてまいりました」

昭和史に詳しくない若い世代には「なんとなく過去の戦争はたいへんだった」というふ

うにしか聞こえず、ピンと来ないかもしれない。私たち日本の各メディアはこのスピーチを報じたものの、先の大戦においてシンガポールで何が起き、人々がどのような「苦難」を受けたのか、具体的に言及したものは少なかった。

太平洋戦争開戦間もなく、日本軍はイギリスの軍事拠点だったシンガポールを占領。その後、反日分子とみなした華僑の大量粛清を行った。その犠牲者の数は定かではないが、数千人から四、五万人ともいわれている。

両陛下の滞在中、シンガポール側は両国の親善に配慮して、華僑粛清事件にはいっさい触れなかった。同国には日本占領時代に犠牲になった市民を追悼する「血債の塔」といわれる慰霊碑があるが、両陛下がそこを訪れることもなかった。

サイパン、パラオ、フィリピンなど、両陛下の海外慰霊の旅は忘れられた戦争の記憶を喚起する効果があった。ただ、それらはあくまでも日本人戦没者の慰霊が中心だ。日本が加害者だったシンガポールでは被害者だった同国民の慰霊関係の行事はなく、戦時中にシンガポールで起きたことについて日本人が記憶を喚起されることもなかった。私たち取材陣も含めて過去の戦争を素通りしてしまった感がある。

「ごめんあそばせ」と皇后さま

翌十日、両陛下はマレーシアのペラ州へと移動した。同国訪問は公式なものではなく、「お立ち寄り」という形式であった。「ちょっと寄りました」という響きもあるが、両陛下にとって十五年前の義理を果たす旅であった。

両陛下は一九九一年に同国を訪問した際、同州でアズラン・シャー国王主催の昼食会に出席する予定だった。ところがインドネシアで発生した山火事による視界不良で飛行機が航行できず断念した。マレーシアは九つの州のスルタンが互選により任期五年で国王に選出されることになっているという。二〇〇六年時点でシャー元国王はペラ州のスルタンであり、再び昼食会が開かれることになっていた。

この昼食会はスルタンの公式行事が行われるイスカンダリア宮殿で開かれたのだが、ペン記者取材は不可。その前の両陛下とスルタン夫妻との懇談などの撮影だけが許可された。昼食会のあと両陛下はシャー元国王の功績をたたえるスルタン記念館を視察した。四人の代表取材の一人にあたっていた私は空港からバスで現地に直行した。途中の高速道路から見た山野の風景が日本とよく似ていて、四国あたりの高速道を走っているような錯覚にとらわれた。

スルタン記念館は白壁に赤瓦のスパニッシュ風の瀟洒で美しい建物だった。パームツリーと噴水がいかにも南国という雰囲気だ。ただ、赤道に近いため日差しは強烈。行幸啓取材はスーツ、ネクタイ着用なので、全身汗だくだった。

記念館での両陛下の滞在時間は二十分ほど。視察する両陛下の取材を終え、玄関わきで御発を見るために待機していたところ、どういうわけか先に皇后さまが一人だけで出てきた。国内のように多くの奉迎者がいるわけではなく、そこには一緒に代表取材にあたっていた他社の記者と私の二人だけ。

「ごめんあそばせ」

玄関の車寄せわきの狭い通路を、まさに袖振り合う距離で皇后さまは通り過ぎて行った。国内ではまずありえないことだった。

両陛下は夕刻には首都クアラルンプールへ移動。夜はサイド・シラジュディン国王王妃との会食がセットされていたが、ここも取材不可。御着と懇談、記帳の場面のみカメラ撮影が許されていた。

マレーシアはイスラム教が国教。女性の肌の露出には敏感で、女性カメラマンの場合は膝が隠れるスカートを着用、パンツスーツは不可、色は黄、白以外のものが望ましいという注文がついていた。

会食は午後八時半に始まり、終了は十時という遅い時間。その後の式部官長のレクをホテルでじっと待っているしかない。

事前に明らかになっていたのは両陛下から国王王妃に「銹《しゅう》泑《よう》桔《き》梗《きょう》壺《つぼ》」が贈られたことくらい。外国訪問では相手国元首と贈り物の交換がある。シンガポールでは大統領夫妻に両陛下の写真（御紋付き銀縁入り）と笹《ささ》図《ず》鉢《はち》、次に訪問するタイでは国王王妃に「八角《はっかく》花《はな》生《いけ》」「蓬萊山蒔絵《ほうらいさんまきえ》」、佐賀錦ハンドバッグが贈られている。

翌十一日は午前中にアブドラ首相の引見、在留邦人代表との懇談があり、午後零時半にはあわただしくクアラルンプール空港を出発し、タイへ向かった。

マレーシアには一泊のみだった。短期間に移動が続くと閉口するのが荷物の問題だ。セキュリティーチェックなどのため、随員、同行記者は機内持ち込み以外の荷物を出発前日の夜に提出しておかなければならない。取材資料やノートをうっかりスーツケースに入れて出してしまい、翌日の取材に支障をきたしたことがある。

両陛下来訪が1面トップ

タイのバンコク空港には十一日午後二時前に到着した。タイ訪問の目的はプミポン国王の即位六十年記念式典への出席で、慶祝行事での天皇の外国訪問は初めてだった。日本の天皇、皇后をはじめ、二十五カ国の国王、王族などが招かれていた。両陛下のタイ訪問は即位後二回目。皇太子夫妻時代を含めると八回目だった。

政府専用機のタラップの下にはレシービングライン（赤じゅうたん）が敷かれ、白の正装の王室関係者と儀仗兵が並ぶ。出迎えたのはワチラロンコン皇太子（現国王）。皇太子が空港まで迎えに出るのは特別なことだ。

タイは不敬罪があるほど王室への尊崇の念が強い国だ。それは他国の王室への敬意にもつながっている。とくに交流の深い日本の皇室への対応は破格のように思える。

驚いたのは両陛下が車に乗る前に赤じゅうたんの両脇に並んだ色とりどりの民族衣装の女性たちが膝をついて足元に花びらを撒いて迎えたことだ。タイでは王族の前では膝をついて礼を表す。

タイは奉祝ムードにあふれていた。どこもかしこも王室の色である黄色だらけ。各商店などでは皆黄色のTシャツを着ている。テレビをつけるとニュースキャスターまで黄色のシャツだった。私たち同行記者にもタイ政府から黄色のTシャツがプレゼントされた。

翌十二日は国王の即位六十年慶祝式典。朝、ホテルで地元紙を開くと、1面トップで両陛下の到着を報じていた。空港に到着した両陛下の大きな写真入りで。

式典に参列する各国王族のうち、君主はブルネイ、スウェーデン、ルクセンブルク、ヨルダン、クェートなど十四カ国だったが、日本の天皇、皇后の来訪がもっとも重視されていることがわかった。

式典は午後二時過ぎからバンコク市内のアナンタ・サマーコム・ホール（旧国会議事堂）で行われた。そのあと夕刻からチャオプラヤー川沿いの海軍会館で王室御船パレード観覧、隣接する会議場で「国王陛下と開発展開会式典」と行事が続く。

しかし、ここもまたカメラの代表撮影以外は取材がいっさい認められなかった。二十数カ国の王族が参列しており、取材陣は日本だけではない（日本のように四十人以上の取材団が同行している国はなかったが）。それにこれはタイの国王のための慶祝行事だ。日本の記者のための取材スペースを設けろと要望するのは無理があった。

午後からはホテルのプレスワーキングルームにじっとしているだけだった。これでは何のためにはるばるタイまでやってきたことやら。救いは地元のテレビで式典の中継放送をやるという話だった。これに備えて、日本を発つ前につてを頼ってバンコク在住の日本人通訳を雇う手配をしておいた。

昼過ぎには通訳の女性にホテルに来てもらい、ワーキングルームのテレビを同行記者全員で見ていた。ところが祝賀式典には通訳が必要なほどの「解説」が登場する場面がほとんどない。勲章に礼装の各国の王族が順次会場に到着し、国王王妃に祝意を述べる様子が映し出されるだけ。せっかく手配した通訳も私たちと一緒にテレビ画面をじっと眺めているしかなかった。

御船パレードではいろいろと解説があるだろうから、ここで通訳に大活躍してもらえると思っていたが、なんとテレビ中継はナレーションなしでパレードの映像を延々と映し出すのみ。

結局、通訳さんにはほとんど働いてもらう機会がなかった。もちろん通訳料は支払った。

熱心に展示を見る二人のシルエット

続いての行事の開発展はプミポン国王が即位後に実施してきた「王室プロジェクト」の歴史を紹介するもの。国王は貧しい農村地域をくまなく歩き、様々な援助事業を実施してきた。国民が国王を尊崇するゆえんだ。

タクシン首相の開会の辞のあと、国王王妃と各国王族が会場内スクリーンに映し出された映像と各種パネルを観覧した。

この模様もテレビで中継され、ホテルで張りつけになっている私たちも画面を通じてなんとか「取材」できた。しばらくすると、各国王族が展示そっちのけでおしゃべりを始めている様子が映し出された。

「ヨーロッパや中東の王族はタイの開発物語なんて関心がないんだろうな」

と思って見ていたところ、画面の奥の方におしゃべりの輪には加わらず熱心に展示を見ている二人のシルエットが浮かんでいるのに気がついた。

「両陛下だろう。きっとそうだ」

ある記者がいった。カメラがズームになると、やはり両陛下だった。その真摯さが伝わったのだろう。プミポン国王はほとんど両陛下につきっきりで説明にあたっていた。

この日はテレビ以外に材料のない記者たちは、両陛下と国王との「何かいい話」を期待して、川島裕式部官長（のちの侍従長）のレクチャーを待ち焦がれていた。官長は行事がすべて終わってからホテルに駆けつけるため、しばらく時間があった。

その間、テレビではサッカーのドイツW杯予選リーグ、日本VSオーストラリア戦を放映していた。前半、日本が先制点を上げ、1—0でリード。興奮して見ているうちに式部官長が到着して、別室でレクが始まった。

川島式部官長からは「国王がもっとも長く会話されていたのは陛下だった」などの話があった。レクは一時間弱続いただろうか。ワーキングルームに戻って来ると、なんと日本が1—3で負けていた。各記者から失望の声が上がった。

タイでのメインの行事が行われた日は、テレビの前に張りつき、サッカーで落胆した記憶だけが強く残っている。

現場が凍り付いた〝不敬事件〟

翌十三日の午前、両陛下はタイでもっとも古いチュラロンコン大学を訪問し、日本に留学経験のある教授や日本語を学ぶ学生らと懇談。秋篠宮さまが寄贈したニワトリの標本などを見学した。ここは王室儀式の場ではないので久々にすべての記者が取材できた。

同日夜に国王主催の晩餐会が開かれ、タイでの公式行事はすべて終わった。十四日は有名なアユタヤ王宮遺跡の見学である。これは両陛下が楽しみにしていたもので、今回の東南アジア訪問で唯一の「観光」であった。

バンコク市内のホテルから車列を組んで約一時間。現地の気温は四十度を超えていた。ものすごい暑さなので、七十歳を超えた両陛下には危険ではないかと心配した。それでも両陛下はタイ側の随員が傘をさしかけるなか、トウモロコシを立てたような寺院（ワット）跡を楽しそうに見て回った。

案内役はシリントン王女が務めた。素行に問題があり、国民から不人気なワチラロンコン皇太子とちがって、王女は国民から敬愛されていた。その王女が公式行事ではない両陛下のアユタヤ視察に同行するということは、タイ王室がいかに日本の両陛下を大切に遇しているかの表れである。現地の日本大使館関係者もそのことを誇らしく話していた。

その大使館をはじめとする外務省関係者が凍りつくような「事件」がこのとき起きる。

両陛下が視察中の撮影ポイントで、説明役のシリントン王女が邪魔に思ったのか、雑誌協会から派遣されていたカメラマンが「エクスキューズ・ミー、レディ！」と叫んで、シッシッと片手を振ったのだ。

その場にいたタイ関係者の顔色が変わったのがわかった。日本の大使館関係者は顔面蒼白だった。なにしろ不敬罪のある国だ。国民にもっとも人気のある王女に対するこの無礼はただごとではすまないと思ったのだろう。どうやらカメラマンは王女が何者か知らず、タイ政府が用意した現地の説明役という認識だったようだ。勉強不足には恐れ入る。

この場はタイ側の大人の対応で何事もなくすんだが、アユタヤからホテルに戻ってからの大使館関係者のあわてぶりは相当なものだった。「このままでは国交断絶だ」という大げさな声まで聞こえた。タイ側に懸命に釈明し、なんとか穏便に収束した。

この間、当のカメラマン氏は自分のしでかした騒動にはまったく気づかず、夜のバンコクの街に飲みに出てしまった。「これは記者団長として注意しておかなければ」と思い、深夜赤ら顔で帰ってきたカメラマンを呼びつけ、懇々と説教することになった。

翌十五日の午前、両陛下はバンコクから帰国の途につき、八日間の旅を終えた。暑い国々の訪問だったが、両陛下に疲れた様子は見えず、まだまだ元気だった。逆に同行の記者、宮内庁報道係の多くが帰りの機中でぐったりと寝ていた。

天皇の意思で実現したベトナム訪問

天皇陛下が来日した外国要人と会見した際、その国への訪問を要請されることがある。いくぶん儀礼的な面もあるが、天皇陛下は「外国訪問については政府で検討することになっています」と答えることになっている。

章の冒頭にも述べたが、天皇の外国訪問は親善を名目にしても政治的な影響は避けられないため、天皇の意思は介在せず、訪問国の選定は内閣で行うことになっている。ただ、憲法で内閣の助言と承認によって行うとされている国事行為とちがって、外国訪問を含む天皇の公的行為に関しては何の法的規定もない。内実は内閣の判断よりも天皇の意思が優先されることがある。

天皇の強い意向によって実現した外国訪問のひとつの例が二〇一七(平成二十九)年二月二十八日~三月六日のベトナムとタイ訪問だ。河相周夫《かわいちかお》侍従長が訪問を終えたあとに月刊誌に寄稿した「随行記」で、天皇の意向で実現した訪問だと明かしている。

両陛下は前年二〇一六年一月末にフィリピンを訪問したが、それからしばらくして「ベトナム訪問を検討してほしい」と天皇陛下から話があったという。過去にベトナムの国家主席や党書記長などの指導者が何度も来日し、たびたび両陛下の同国訪問を要請していた。それへの答訪が実現していないことを天皇陛下は気にかけていたらしい。

同年の春から訪問の検討が始まった。その過程で天皇陛下から首都ハノイだけではなく、中部の古都フエも訪問したいこと、ベトナムからの帰途にタイに立ち寄り、当時病床にあったプミポン国王を見舞いたいとの希望も出された。

外国訪問に天皇の意向が影響していることはよくあるのだが、それは内々に関係者だけが承知していることで、表向きは政府が判断し、天皇の意思は無関係というのがたてまえだ。なので、侍従長の随行記を読んだときは「ずいぶん大胆に内情を書いたな」と少々驚いた。

ひと昔前なら問題視する声もあったかもしれないが、とくに何の反応もなかった。平成も三十年近くを経て、天皇、皇后両陛下への国民の敬愛は絶大なものになっており、カリスマ性が高まっているともいえる。そのため両陛下の意向がストレートに実現するケースが増えている。

偉丈夫のベトナム儀仗隊

二月二十八日午前十一時、両陛下を乗せた政府専用機は羽田空港を飛び立った。今回の同行記者団はカメラマンを含めて四十六人。現地での取材陣を含めると約百二十人に上る。

前年八月の天皇陛下のお言葉で平成三十年いっぱいの退位が示唆されていたため、これが最後の外国訪問という見方があった。それゆえ各社は通常の外国訪問よりも手厚い取材態勢を組んでいた。私が勤める新聞社も私ともう一人の宮内庁担当のE記者の二人で同行することになった。

E記者は両陛下の外国訪問取材は初めて。政府専用機も初体験で興奮していた。政府専用機では民間航空会社と同様に機内食が出る。E記者が「こんなうまい機内食はいままで食べたことがありません！」と大感激の様子なので、「おいおい、民間機とさほど変わらないぞ」と説明しておいた。

六時間十五分のフライトのあと、現地時間の午後三時十五分にハノイのノイバイ国際空港に到着した。ハノイの空はガスがかかったように曇っていた。暑さを覚悟してきたが、日本の十月ごろの感じで、冬物スーツでちょうどいい。この時期のハノイはこういう気候らしい。

タラップの下には赤じゅうたんのレシービングラインが敷かれ、両側に白い制服の儀仗兵が整列して両陛下を迎えた。儀仗兵はベトナム人の平均と比べるとかなり背が高い。体格の良い者を特別に選別しているのだろうか。民族衣装のアオザイ姿の女性が両陛下に花束を渡した。

空港では同国のティン国家副主席が迎えた。国賓の出迎えは通常は官房長官の役目らしく、ベトナム側の特別の配慮だという。

空港の貴賓室でしばらく休憩して、両陛下の車列はハノイの中心街へ向かう。報道バスの窓から見えるのはものすごい数のバイク。いかにも東南アジアという風景だ。小さな子どもをひざに乗せてバイクを運転する若い女性がいて、各記者から「危ないなあ」という声が上がった。

青年海外協力隊員との懇談は慣例

宿所のシェラトンホテルに近づくと、日越の小旗を持った多数の奉迎者の姿が見えた。在留邦人の子どもたちも多かった。

この日の夕刻から、ホテルのテラスで両陛下と青年海外協力隊員ら二十六人との懇談が行われた。外国訪問ではその地で活動する青年海外協力隊員との「接見」の場が設けられる。隊員たちは作業療法士、理学療法士、助産師、音楽、日本語教育などさまざまな分野の専門家だ。

発展途上国でボランティア活動を行う青年海外協力隊員は一九六五年に発足したが、両陛下は、皇太子夫妻だった当時から派遣前の隊員と懇談して心を寄せてきた。九五年以降、隊員との懇談は皇太子ご夫妻が引き継いだが、その後も帰国した隊員の代表らを御所に招いて交流を続けている。

天皇陛下は隊員らに「ベトナムではいまは漢字は使われていませんが、覚えると古い文献も読めるようになるんでしょうね。よい成果があがるといいですね」、皇后さまは「慣れました？　よいお仕事ができますように」などと話しかけていた。

国賓が訪問する場合、二日目に歓迎行事が行われる。翌三月一日の午前は国家主席府での歓迎式典や「ベトナム建国の父」ホー・チ・ミンの永久保存措置が施された遺体が安置されているというホーチミン廟への両陛下の供花などが予定されていた。この廟に安置されているのが、ほんとうにホー・チ・ミンの遺体なのか、疑う人もいる。各取材ポイントは一社一名に制限されていたので、私が歓迎式典、E記者がホーチミン廟を取材した。

国家主席府はフランス統治時代にインドシナ総督邸として建設された西洋宮殿式の建物。建設当時はおそらく白色だったとみられるが、ベトナムのナショナルカラーの黄色に塗り上げられていた。建物上部のポールには国旗「金星紅旗」がひるがえる。建物全体が黄色というのはかなりどぎつく感じられ、不謹慎だが国内の家電量販店の店舗を思い出した。

歓迎式典の行われる主席府前の庭でしばらく待つ。庭の両側にカメラ台があったが、これが非常に狭くて、日本のカメラマンとベトナムのカメラマンとでぎゅうぎゅう詰め。双方で怒声が飛び交った。ベトナム側の関心もそれだけ高いということだろう。

ときおり小雨が降る空模様だったが、式典は晴儀で行われた。天皇陛下とクアン国家主席が赤じゅうたんの上を歩き、栄誉礼を受ける。儀仗隊の隊長はやはり背が高く、女性記者たちからは「イケメン！」の声が上がった。

このあと両陛下と国家主席夫妻との会見が行われたが、例によって冒頭カメラ撮影のみのペン記者取材不可。夕方には国会議長との会見（引見）があったが、同様に取材はできなかった。

ちなみにベトナムは国家主席と国会議長のほか、共産党書記長、首相の四人による集団指導体制。最高実力者は党書記長らしい。出発前に宮内庁幹部が「向こうは四人ずつ個別に両陛下と会ってくれといってきているのでたいへんだ。まとめて会うことはできないらしい。両陛下もお年だし、会うだけで疲れちゃうよ」とこぼしていた。結局、このあと両陛下は首相、党書記長とも律義に会見することになった。

陛下のスピーチに修正依頼

午後六時二十分から、国家主席夫妻主催の晩餐会が主席府で開かれた。ここも代表取材というしばりがついていたのだが、交渉した結果、同行記者全員が主席府内の別室に詰めてテレビモニターで晩餐の模様を見てよいということになった。

主席府はもともと総督邸という住居なので、晩餐会場もあまり広くない。なかに入ってみると、記者の待機部屋は会場とドアひとつ隔てた場所。その横には厨房があって、料理のいい匂いが漂ってくると同時に、人がひっきりなしに前を通り過ぎる。狭い部屋に押し込められた感じだが、晩餐会の空気がじかに伝わってきて、なかなか得られない経験だ。

モニターには両陛下と出迎えた国家主席夫妻の姿が映し出された。赤じゅうたんをゆっくり歩いて晩餐会場へ。中華風の丸テーブルが八つ。約九十人の小ぶりの晩餐だ。両国国歌演奏後、主席のあいさつ。明治天皇の「もろともにたすけ交わしてむつびあふ友ぞ世に立つ力なるべき」の御製を引用して両国関係の重要性を強調した。「ベトナム当局は熱心に勉強したんだな」と感心した。

続いて天皇陛下のスピーチ。奈良時代に日本を訪れ、雅楽の一部となった「林邑楽《りんゆう》」を伝えた僧の仏哲を引き合いに、両国の交流の歴史と文化的な親しみを述べた。実はこのスピーチの一部分に関して、事前に相手側から注文がついていた。

前日の夜にレクチャーを行った秋元義孝式部官長によると、当初、スピーチ草稿には「林邑国」という部分があったが、ベトナム側から「国」をとってくれという要請があったという。官長は「おそらくベトナムは北部、中部、南部と分かれていて、歴史も違うので具合が悪いのだろう」と説明していた。

あとで調べてみると、林邑（チャンパ）はいまのベトナムとはほとんど関係のないクメール系の国だった。それでベトナム側はチャンパが現在のベトナムとつながっているかのような「国」という言葉を嫌がったのだろう。

スピーチは近代の東遊（ドンズー）運動、現在のベトナム人留学生のことなど日越の歴史について触れるものだった。東遊運動は明治時代後半に日本に留学していたフランスからの独立運動指導者ファン・ボイ・チャウが行ったもの。日露戦争に勝利した日本に学ぼうと、母国からの留学生を支援した。

その歴史に触れながらも、なぜか太平洋戦争前後の日本軍の仏印進駐と占領は出てこず。ひと言くらいあっても差し障りはないと思ったが、やはり親善第一なのだろうか。

陛下はペーパーを見ながらのスピーチだったが、ところどころで噛んでしまう。八十歳を過ぎてからは言葉がすらすらと出なくなっている。

乾杯のあと、俳優の杉良太郎氏が支援しているベトナムの盲学校生徒が音楽プロデューサーの小室哲哉氏とともに童謡「赤とんぼ」「ふるさと」などを演奏した。

晩餐会は国内でも冒頭取材のみなのだが、別室でのテレビモニター取材という制限のおかげで、かえって長い時間晩餐の中身を見ることができた。この演奏を見終わって、記者は国家主席府から退出、バスでホテルに戻った。

午後九時半、晩餐会から記者団の宿舎のパンパシフィックホテルに駆けつけた秋元式部官長のレク。式部官長は忙しい。この日の国家主席夫妻との会見で、皇后さまは主席夫人が着ていた桜の刺繡のアオザイが美しいと褒めていたようだ。両陛下を出迎えるために特別にあつらえたものらしい。

三日に予定されているチョン共産党書記長夫妻との会見が両陛下の宿舎シェラトンホテル近くの共産党の別荘で行われることになっているが、これについて「ベトナムでは国賓が共産党本部を訪ねることになっている。別荘で行われるのは初めて。宿舎に近いところでという配慮だ。空港での副主席出迎え同様、通常のプロトコル以上のもてなしだ」と官長は強調する。

レクが終わり、午後十時過ぎに記者仲間と遅い夕食に出る。ベトナム訪問前半のヤマを終え、少しほっとした気分になる。ホテル近くの庶民的なレストランに入る。サイゴンビールで乾杯。肉と鍋料理で満腹。どれもおいしく、一人二千円の安さだった。

帰国したあと、山本信一郎宮内庁長官に「ベトナムでは食事がうまく安かった」という話をすると、「われわれも外に出たかったが、いつ両陛下からお呼びがあるかわからないからホテルを出られなくてね。お呼びは一回だけだったが、常に待機しておかないと。一度、首席随員の中曽根弘文さん（元外相）と外で食べただけかな」とうらめしそうに話していた。

忘れられていた残留日本兵家族

ベトナム三日目の二日午前は孔子を祀る文廟《ぶんびょう》で両陛下と日本留学経験者や日本語を学んでいるベトナム人学生らとの懇談の取材。ホテルから十分程度の場所だ。ハノイの道路はほんとうにバイクだらけ。信号などあってなきがごとく見える。車とバイクの曲芸的走行にはびっくり。よく事故が起きないものだと思う（実際、このあと事故一件を目撃）。

文廟内の広い庭には日本語を学んでいる高校生らが二十人ほど並んでいた。話しかけてみると、驚くほど日本語がうまい。中学から七年くらい勉強しているという学生もいた。

十時過ぎに両陛下到着。文廟の建物内に入り、日本に留学していたベトナム人らに声かけ。皆日本語で答える。六十年配の人が「ファン・ボイ・チャウは日本留学生の第一世代。ベトナム戦争後、国交が回復したあとの私たちは第二世代。いまは第三世代の若者ががんばっています」と答えていたのが印象的だった。

正午ごろ、シェラトンホテルで両陛下と在留邦人代表との懇談。おきまりの行事だ。このあと今回のベトナム訪問では「最大のイベント」と考えていた元残留日本兵家族との面会が控えていたため、流し気味に取材する。

残留日本兵家族とは、太平洋戦争後もベトナムに残った旧日本兵と結婚した妻と子どものことだ。旧仏印（ベトナム、ラオス、カンボジア）に進駐していた日本軍は終戦時に約九万人いた。約六百人が戦後に帰国せずにフランスとの独立戦争を戦ったベトミン（ベトナム独立同盟会）軍に参加した。

彼らは現地で家族をつくったが、対仏戦争終結後の一九五四年以降に帰国する。事実上の国外追放だ。ベトナム人の妻と子どもは帯同を許されなかった。占領時の記憶やベトナム戦争でアメリカ側に立った日本への反感もあり、元日本兵家族は差別を受けて苦しんだ。こういう境遇の人たちがいることは日本ではほとんど知られていない。

午後零時半から別室で残留日本兵家族と両陛下の懇談が始まった。十五人の元日本兵家族は立って両陛下を迎える。最高齢九十三歳の元日本兵妻グエン・ティ・スアンさんは、一九四五年に結婚。四人の子どもをもうけた。日本人の夫が帰国後は職業を転々としながら子どもを育てたという。長女で日系二世のフォンさん（68）がスアンさんに寄り添っていた。

スアンさんについては日本の各メディアが事前に報じていた。存命で話を聞くことので

ベトナム残留日本兵の家族と言葉を交わす天皇、皇后両陛下。右側手前がスアンさん。2017年３月２日（共同）

きる元日本兵妻は彼女しかいないため、取材が殺到。「とても応じきれないので、取材は遠慮してほしい」と宮内記者会に要望が伝えられたほどだった。

天皇、皇后両陛下は二手に分かれて声をかけていく。記者とカメラが団子状態で、話を聞きとるのに苦労する。天皇陛下側の通訳の声が大きすぎて、皇后さまの方の話がよく聞こえない。

スアンさんは天皇陛下に「体がとても弱っていますが、両陛下がわざわざ訪問してくださったので、頑張ってここまで来ました。両陛下がベトナムに残っている日本兵の妻と子ども、そして孫まで関心をもっていただいてとても感動しています」といって涙をぬぐっていた。

天皇陛下は「ほんとうにいろいろご苦労もあったでしょう。お察ししています」と答えていた。

皇后さまは椅子に座ったスアンさんの前にしゃがみこんで手を握る。そして娘のフォンさんに「長い間、お母さまを助けていらしたんですね。（ベトナム）戦争の間も大変でしたね。ご苦労さまでしたね。どうぞご一家でこれから幸せに」と語りかけていた。

天皇陛下はあまり多くの言葉を発せず。皇后さまはよくしゃべっていた。

二世のゴー・ザ・カインという男性がほぼ九十度に腰を折った、ものすごい姿勢のお辞儀をして両陛下を迎えていた姿が印象に残った。凍結されていた戦前期の日本人の姿が目の前に現れたように思えた。彼は「私たちは常に日本のことを考えています」といった。狂おしいまでの日本への憧憬。

彼の姿を見て、『想像の共同体』で有名な政治学者、ベネディクト・アンダーソンのいう「遠隔地ナショナリズム」を想起した。本国から遠く離れ、疎外された地域の人々ほど、共同体への同化願望が大きく、ナショナリズムが強化されるという。ベトナム社会での疎外感が彼の姿勢と言葉に表れているのだろうか、と思ったりした。

二人の子の父親になっていた「ドクちゃん」

予定の十五分の二倍の三十分を過ぎて懇談は終わった。在留邦人代表との懇談は三十分の予定が組まれていた。それなのに残留日本兵家族との懇談予定時間はその半分。外務省、大使館側の時間設定は冷淡だと感じた。

このあとの取材は自然科学大学生物学博物館への両陛下訪問。陛下の寄贈したハゼ標本があるところ。ベトナム南部で採取され、皇太子時代の天皇陛下に提供された。研究の結果、新種だと判明。一九七六年にベトナムに寄贈された。四十一年ぶりのハゼとの再会だった。

夜は大使夫妻主催のレセプション。目玉はベトナム戦争の枯れ葉剤の影響で生まれた結合双生児「ベトちゃん、ドクちゃん」のドクさんと両陛下との出会い。ベトさんはすでに亡くなっていたが、三十六歳になったドクさんが結婚し、二人の子どもをもうけていたことを初めて知った。

ベトさん、ドクさんの分離手術は日本の医師団の協力で行われた。ドクさんは日本への思いも込めて、子どもには「富士」「桜」を意味する名前をつけたという。

午後の二カ所は代表取材だったので、E記者に任せてホテルのワーキングルームで待機していた。そこでNHKのニュースを見ていたら、残留日本兵妻のスアンさんが元日本兵の夫と再会している録画映像を放映していた。

「ええっ？」と思う。翌朝、ＮＨＫの記者に「あれはいつの番組の映像？」と聞くと、戦後六十年の二〇〇五年に放映したドキュメンタリー番組だという。スアンさんの夫は帰国後に結婚して別の家族を持っていたが、何十年かぶりで家族とともどもベトナムを再訪し、スアンさんや子どもらとしばし一緒にときを過ごしたらしい。

てっきりスアンさんは夫が帰国して生き別れたままだと思っていた。もちろん、再会できたからといって、彼女の悲劇性が薄まるわけではないが。

両陛下を迎えたバイクとアオザイ軍団

三日、両陛下は共産党書記長夫妻との会見、国家主席夫妻へのあいさつを終えて、ベトナム中部の古都フエに向かった。政府専用機は約一時間二十分の飛行で午後四時過ぎにフエのフーバイ国際空港に到着。この空港はジャンボ機の着陸は許可していないが、ベトナム政府の特別な計らいで専用機の着陸が可能となった。

降りてみると、さすがにハノイより暑い。秋から夏に変わったという感じだ。車列に従って報道バスはフエの中心街へ向かう。しばらくすると奉迎者なのか野次馬なのか、人がたくさん沿道に見える。交通規制のため交差点で止められているバイクの数が半端ではない。ハノイと同様、バイクの洪水である。

あとで宮内庁幹部は「フエの空港に着いて、ホテルまで沿道にはかなりの人がいたが、車列のスピードが速くて、両陛下はお手振りを満足にできなかった。『車のスピードが速すぎたのでは』といわれたので、フエを離れる際は空港までの車列はスピードを緩めた。両陛下は十分お手振りをできたのでは」と話していた。ただ、このときの沿道の人々のほとんどは奉迎者というより、車列により通行をストップされたバイク軍団と野次馬に見えたのだが。

両陛下の宿舎ラ・レジデンス・フエに近づくと、白いアオザイを着た女性たちが道路の両側に並んで日本とベトナムの国旗の小旗を振っている。このアオザイ軍団も壮観だ。地元の学校（高校？）の生徒らしい。アオザイが制服のようだ。

フエ訪問は歴史を訪ねる旅といえようか。両陛下は翌四日午前、フエ王宮を視察した。ベトナム最後の王朝グエン（阮）朝の王宮で、世界文化遺産に登録されている。北京の紫禁城を小型にしたような王宮で、中国文化の影響を色濃く受けている。

記者は先乗りし、王宮の午門前で両陛下御着まで約四十分待機する。門の上には「天皇、皇后両陛下、ようこそトゥア・ティエン・フエ省へ」と日本語で書かれた看板が掲げられている。フエでは市街の数カ所で両陛下を歓迎する日本語の看板が設置されていた。

直射日光の下は暑い。出迎えの紫色のアオザイ女性、黄色と橙色の獅子舞などがいる。

両陛下の通る場所には赤じゅうたんが敷かれていた。

御料車から降りた両陛下は濠の橋を渡って午門へ。日差しが強いために両陛下の上には中華風の黄色い傘がかざされる。記者もうしろからついて歩く。ベトナム戦争を含め数々の戦禍を経た太和殿内で天皇陛下は「ここは残ったわけですね。よく残りましたね、ここは木造なわけでしょ」と話していた。

両陛下はゴルフ場で使うようなカートで閲是堂という劇場へ。記者には乗り物がないため、小走りで追いかける。閲是堂ではベトナムの雅楽ニャーニャックを鑑賞した。館内は冷房が効いて過ごしやすい。ニャーニャックは奏楽と舞楽が混交した芸能だ。美しい金色の衣裳の女性たちの組体操のような踊りが印象的だった。

鑑賞を終え閲是堂を出る両陛下を間近で見送ったが、二人とも表情に疲労が見えた。とくに天皇陛下はうつろな感じがした。他の記者も同じ印象を受けたという。八十三歳と八十二歳だ。歓迎行事や要人との会見、様々な人々との懇談が続き、疲れがたまるのも無理はない。

皇后さまは出発の数日前に口唇ヘルペスの症状が出ていた。帰国後に診断を受けたところ帯状疱疹と判明した。ある宮内庁幹部は「以前、ブラジルとアルゼンチンに行かれたときに、やはり帰国後に帯状疱疹を発症された。外国訪問へ行かれるたびに発症している。

お疲れが出ると発症するんだな」と話していた。

天皇陛下の「自省史観」

午後は東遊運動の指導者、ファン・ボイ・チャウ記念館の訪問。チャウの墓や記念碑、軟禁中の家などがある。午後三時四十分ごろに両陛下到着。チャウの墓で拝礼し、記念館のなかを見学した。このあと両陛下はチャウの孫のカット氏（カナダ在住）に面会した。天皇陛下は同氏に次のように語った。

「ベトナムの独立にかかわった日本との関係を伝えていくことは大変喜ばしいことと思っております。過去のことを振り返りながら日本がどういう道を歩んできたか、ということを日本の人々が知っていくということは大変大事なことと思っております。歴史というものを知って、現在やこれからのあり方を知るということはとても大事なことと思っております。そういう意味でこの記念館は、日本にとっても大事なものと思っております」

天皇陛下が記者会見などで繰り返している「過去の歴史を知り、それを教訓として将来に生かす」という自省史観が反映している言葉だ。

フエ訪問に関しては、王宮以外にどこを両陛下の視察先にするか、宮内庁、外務省はいろいろ悩んだという。宮内庁幹部は「江戸時代に日本人街があったホイアンも候補だったが、場所がホテルから遠かった。それに古い建物は火事で焼けてしまっており、新たに作り直した建物ばかり。日本橋と称しているものも中華風だったりする。だからやめておいた方がいいということになった。チャウの記念館は大使館で候補としてセレクトしたが、視察した先遣隊は、ぱっとしない場所ですよ、と報告していた。でも、そこにしようと天皇陛下が決められた。陛下はおおまかな歴史をご存じで選ばれたのだろう」と話していた。

ある幹部はこうもいっていた。

「宮内記者会の記者たちは目玉がないと食いつかない。とくにテレビは。外務省の連中はふだん社会部の記者と付き合っていないから、そこがわかってない。ファン・ボイ・チャウ記念館はあえて作った目玉だ。残留日本兵の家族との面会もそういう狙いで設定したんだ」

宮内庁も手だれである。うっかりすると、手のひらの上でコントロールされかねない。

チャウ記念館の取材を終え、午後五時前に宿舎のホテルへ戻る。暑さでくたびれたのでシャワーを浴びてしばし寝る。しかし、両陛下は五時半から六時十五分まで青年海外協力隊、在留邦人代表との懇談が連続して入っていた。午前中に見た両陛下の疲労の様子からすると、夕方の邦人との接見は酷のような気がした。

ベトナム滞在中、両陛下にずっと付き添っていた背が高く美人のベトナム人女性ＳＰがいた。他社の記者がフエのホテルロビーで彼女を見かけたので、両陛下に対する感想を聞いてみたという。答えは「プロフェッショナルだと思う。とても疲れているのに、公の場に出たらそういうそぶりを少しも見せない」だった。

そうかもしれないが、両陛下を年中見続けている宮内記者会の記者は、二人の表情から疲れがすぐわかる。フエでの両陛下はまちがいなくヘトヘトだった。

泣きながら両陛下を迎えたタイ市民

ベトナムの公式訪問はこれで終わったが、翌五日は「お立ち寄り」としてタイに向かった。プミポン前国王の弔問である。当初、両陛下は病の重い前国王のお見舞いを希望していたが、前国王は前年十月に亡くなっていた。

タイでは同行記者、カメラマンは黒の服装を義務付けられた。王室への尊崇の念がひときわ高い国だ。外国人記者といえども弔意を表さねばならない。

フエから二時間弱の飛行で午後二時前にバンコクのドンムアン空港に到着した。気温三十数度でフエよりもさらに暑い。両陛下を迎えたのはクリーム色のロールスロイス。通常、外国での両陛下の車には日の丸が取り付けられているのだが、天皇旗がひるがえっていてびっくりした。海外で天皇旗を見たのは初めてだった。

この日夜のレクで式部官長は「（ワチラロンコン）新国王自身の賓客としてできる限りの礼を尽くしてお迎えしたいという配慮がうかがわれる接遇ぶりだった。お召車はクリーム色のロールスロイスのファントムで、プミポン国王が愛用していた。通常はベンツだが、国王自身の配慮で提供された。国賓と同様の交通規制もあり、ノンストップで移動できた」と話していた。

空港からバンコク中心部へ向かう。高層ビルが林立しており、ベトナムとの経済規模の違いを感じる。二〇〇六年に両陛下に同行して訪れたときよりもバンコクは発展していた。街のいたるところに故プミポン国王の「御真影」が見られた。

同日夕、両陛下は前国王の棺が安置されている王宮を弔問したが、ここは代表取材一名のみだったので、宿舎ホテルのプレスワーキングルームで待機した。しばらくして、取材を終えてもどってきたテレビのカメラクルーによる両陛下弔問の模様の「上映会」があった。

両陛下は金色の塔のような祭壇の前で供花。天皇陛下は黒スーツに黒ネクタイ。皇后さまは黒の和服に黒の帯。タイは仏教国なので、僧による読経が続いている。天皇陛下は口を横に結び、ほとんどまたたきしない。両陛下の表情は疲れ切った感じ。とくに天皇陛下の疲弊が激しいように見えた。

このあと両陛下はアンバラ・ヴィラ宮殿でワチラロンコン新国王と会見。映像を見ると、国王の前ではタイの官僚らは立たずに膝行する。ドアを開けるときも床に寝転ぶようにしているので、「そこまでするか」と思う。

両陛下弔問は代表取材だったが、王宮付近の外の取材は自由だったので、E記者が雑感取材に出ていた。E記者によると、王宮の周りに集まっていた多くの市民が弔問に訪れた両陛下の車を見て涙を流していたという。別の記者は「王宮前でお年寄りたちが泣きながら、ソンプラチャルーン！（国王陛下バンザイ！）と国王にしか使わない言葉で両陛下を迎えていました」と話していた。

翌六日正午に政府専用機はバンコクを離れ、日本時間の午後七時四十五分に羽田空港に着陸した。御所で出迎えた元宮内庁幹部は「両陛下はお疲れの様子だった。皇后さまがとくにお疲れのように見えた」と話していた。

帰国後、宮内庁の定例会見、レクでは記者から「在留邦人代表や青年海外協力隊などとの懇談が多すぎるのではないか。両陛下は律義に全員に声をかけるので、かなり疲れたんじゃないか」との批判も出た。ある宮内庁幹部は「両陛下にとって、これが最後の外国訪問になるだろう」と話していた。私が目撃したのは、「最後の」外国訪問に全身全霊で臨んだ両陛下の姿だった。

第三章 悲しみと希望をともに

——被災地への旅

東日本大震災で被災した宮城県南三陸町を訪れ、黙礼する天皇、皇后両陛下。2011年4月27日（共同）

七週連続の被災者見舞い

「平成の天皇、皇后両陛下の活動として何を思い浮かべるか」と問われたら、多くの人が災害被災地でひざをついて被災者を見舞う姿をあげるのではないだろうか。

家族や住む場所を失い、この世の不条理に茫然自失となった人々に寄り添い、「あなたたちを見捨てない、忘れない」というメッセージを送る。日本国、日本国民統合の象徴は、頭上に超然とした存在ではなく、国民一人ひとりと同じ目線で悲しみ、憂い、希望を持ち、喜びをともにする。それを言葉だけではなく、実際の行動で示しているのが災害被災地訪問だ。

その姿に多くの国民が心打たれ、深い敬愛を抱くようになった。民主主義社会における天皇、皇后への人々の自発的な親愛の感情は、おそらく昭和を上回る。被災地への旅は「平成の天皇、皇后のあり方」の根幹をなすものといってもよいだろう。

また、平成が大規模自然災害が多発した時代であり、それによって天皇、皇后の被災地訪問が誘引され、結果として「あり方」が形成されていったという見方もできる。一九九一(平成三)年の長崎県雲仙《うんぜん》・普賢岳《ふげんだけ》噴火、九三年の北海道南西沖地震、九五年の阪神・淡路大震災、二〇〇四年の新潟県中越地震等々。

なかでも二〇一一(同二十三)年三月十一日に発生した東日本大震災は二万人に迫る死

者・行方不明者数、東北から関東にいたる広範囲の被災地域、東京電力福島第一原子力発電所のメルトダウン事故など、けた違いの災厄をもたらした。その深刻度は大正時代の関東大震災を上回り、近代以降の日本が経験した最大の自然災害であったといっても過言ではない。

東日本大震災発生以降の天皇、皇后両陛下の活動は、「この非常時に被災者とともにあらねば、象徴としての存在意義はない」との思いがフルスロットルで回転したような、鬼気迫るものがあった。

被災者への見舞いは七週連続、一都六県に及んだ。三月末と四月上旬に東京都と埼玉県に避難してきた福島県の被災者を訪ねたのを皮切りに、千葉県旭市、茨城県北茨城市、宮城県、岩手県、福島県と行脚が続いた。このうち、私は千葉、茨城、宮城県での被災地訪問を取材した。

平成時代を振り返るとき、このときの両陛下の被災地訪問は特筆すべき事柄として触れられるであろうし、すでに伝説となっているともいえる。

人間を〝だまし討ち〟する津波

震災発生から一ヵ月が過ぎた四月十四日、両陛下は千葉県旭市を訪問した。これが初めての被災地訪問だ。朝、車で皇居を出発し、夕方にもどる。走行距離は約二百五十キロ、移動時間は四時間弱に及んだ。

通常の地方行幸啓の場合は東京から両陛下に同行するのだが、今回は現地集合だった。午前十一時に勤めている新聞社の本社から社の車で出発。車中で弁当を食べる。運転手は震災当日に東京で会議中だった仙台、盛岡の支局長を現地に送ったとのことで、盛岡までは二十二時間かかったと話していた。

午後一時、両陛下の休所、旭市の千葉県東総文化会館に到着。一時半少し前に両陛下を乗せたマイクロバスが出発し、避難所になっている同市海上公民館へ向かった。私たち記者も報道用のバスで追従した。

この時点で同市の被害は死者十三人、行方不明二人。全壊家屋が三百二十棟だった。避難した人たちがいる公民館ホール内に入った両陛下は、スリッパを脱いでゆっくりと被災者に近づき、床にひざをついて話しかける。ほぼ正座に近い。

七十五歳の男性「波に追いかけられ、車で逃げました。あと十秒遅かったら流されていました。津波というのは怖いですね。命があっただけありがたいです」

天皇陛下「そうですか、追いかけられてね。本当に危なかったですね。がんばってください」

避難所の千葉県旭市海上公民館で被災者を励ます天皇陛下。2011年4月14日（時事）

皇后さまは「よく眠れますか？」と聞いて回っている。避難所では十分な睡眠をとることが難しいことをよく知っている。四十六歳と二十一歳の母娘に話しかけた際、娘が持っていたネコの人形を見て「お守りね」といい、手を握って何度も「大丈夫よ」と繰り返す。

次は被災地域の飯岡地区八軒町バス停付近の視察。バスを降りた両陛下は、旭市長から「ここで一人亡くなった」と聞き、現場に向かって黙礼した。

このあたりは家が根こそぎなくなっているところと、まったく被害のないところとがまだら模様であった。津波は地域を丸ごとのみ込むとの先入観があったので、「不思議だなあ」と思った。

旭市を訪れる前に解せないと思っていたことがあった。同市は太平洋へ向けて肘《ひじ》を張ったような銚子半島の南側にある。東北沖からの津波が押し寄せても、「肘」がブロックするはずなのに、なぜ被害が出たのだろうか、と。

あとで聞いたのだが、そこには恐ろしい津波のメカニズムがあった。飯岡地区には時間をおいて三つの津波が到達していた。第一波は地震発生の約一時間後だったが、沿岸の家屋が浸水した程度だった。第二波も大きなものではなく、一時避難した住民は「もう大丈夫」と判断して家々にもどってきた。

予期せぬ第三波が襲ってきたのが発生から二時間半が過ぎた午後五時半前。約八メートルの大波が地域をのみ込んだ。沖合で複数の津波が重なり合い、海底の地形の影響もあって、北からの津波が半島を回り込むように南側から襲来したのだという。それも時間差で。

「そんなだまし討ちのようなことが自然現象で起きるのか」と戦慄《せんりつ》を覚えた。知事からこの事実について説明された天皇陛下は「このことを研究し、語り継いでいかなければいけませんね」と話していたという。陛下のいうように、命を守るための歴史として、このような事実を伝えていかなければならないだろう。

被災地区の視察後、両陛下はもうひとつの避難所の飯岡保健センターを訪ねた。

椅子に座った高齢の女性がいて、天皇陛下は目の前に座って話しかける。頭を低くして、ほとんど正座の状態だ。車椅子の七十二歳の男性の前でも下から見上げるように話しかける。

この男性は「陛下には『命をもらった。大事に生きます』といった。『がんばってね』と優しい声でいってくれた。こういう人もいるんだと思った。まさか陛下にお話をうかがえるとは思わなかった。ありがたいことです。ふつうは顔も見ることができない人だから」と話していた。

皇后さまは被災者の手を握って話しかける。涙を流す女性もいる。「大丈夫ですか。ここは西日が入るから、少し閉めた方がいいですね。日差しに気をつけてくださいね」と細かい気配り。

両陛下が避難所を去るとき、皆が拍手する。一人の男性が陛下に握手求めて手を差し出す。陛下がその手を握る。平時の行幸啓ではあり得ない図。少し離れた場所にいたおばさんが「お二人の写真を撮りたい！　両陛下、並んで！」と叫んだが、さすがにこれには応じず、両陛下は避難所をあとにした。

正座で話しかける

次の被災地訪問は翌週の四月二十二日、茨城県の北茨城市だった。同市では五人が死亡、一人が行方不明、九百棟以上が全半壊していた。このときも陸路の日帰り。同市は福島県に接する茨城県の北限。片道約百七十キロ、二回の休憩を入れて二時間半超。通常なら車で訪れる場所ではない。両陛下は朝九時に皇居を出発、夜七時半にもどる強行軍だ。

今回も取材陣は現地集合。午前十時半に本社から車で北茨城市役所へ向かう。茨城県内に入ると高速道路のところどころに補修の跡が見え、かなり波打っている。北茨城市内の道路には亀裂が目立つ。

午後二時過ぎ、両陛下はバスに乗って大津漁港へ向かった。漁港は防波堤や岸壁が津波によって大きく崩れていた。岸壁はところどころひび割れて陥没している。同漁港では防波堤が決壊し、漁船約百二十隻のうち半数以上が損壊したという。周囲の民家も押しつぶされている。

この日は曇りで肌寒く、手がかじかむ。三月の気候に戻った感じがする。天皇陛下は深緑のブルゾン、皇后さまはベージュの上着姿。天皇陛下は眼鏡をかけて岸壁を凝視する。両陛下、海に向かって黙礼。

このあと奉迎者の前へ。一人ひとりに声をかけていく。耳が遠い天皇陛下は相手の声をよく聞き取れない様子だった。小学生の男児に「何年生ですか」「何が好き?」「学校は楽しいですか」などと質問。たずねられた男児は「サッカーが好きです」と答えていた。

岸壁近くの漁協組合の建物は一階のガラスが割れ、ボロボロの状態。両陛下は港近くの壊れた民家を視察し、その前でも黙礼した。

いったん市役所にもどって休息したあと、午後三時過ぎから避難所の北茨城市民体育館へ。両陛下はまずボランティアに声をかけ、柔道場の避難者のもとに行く。天皇陛下は完全に正座の状態で年配の女性に話しかける。その場にいた医師に「どうですか」と聞き、医師は「体の方は大丈夫でした。私より看護師の方が」と答える。陛下は「どうぞ体をお大事に。お元気でね」という。

皇后さまも膝を突いて、ときに正座で被災者に話しかける。
皇后さま「どうぞお元気でいらしてください。お大事に」
被災者「ありがとうございます」
皇后さま「きのうは揺れました？」
被災者「先ほども。いやですね、予告なしですから」
皇后さま「お疲れは大丈夫？」
被災者「皇后さまのお顔を見たら元気になりました」
皇后さま「暖かくしてお休みなさいませ。どうかお元気で」
水産加工業に従事しているという六十三歳の女性は「天皇陛下は『皆さんご家族は大丈夫でしたか？　被害にあいましたか？』と聞いてくれた。『津波は家のなかに入ってきましたが、皆無事でした』というと、陛下は『よかったですね。これからもがんばってください』と。『大丈夫です。がんばります』と答えた。皇后さまも同じようなことをおっしゃった。両陛下がお見舞いに来てくれてうれしいです。気持ちが落ち着きました」と話していた。

「コウナゴは入っていますか」

この日、両陛下は北茨城市役所で知事らと昼食をとった。市役所の食堂で作ったもので、地元でとれたヒラメ、穴子、カレイなどが出たが、天皇陛下は「コウナゴは入っていますか」と聞いたという。

福島第一原発の事故の影響で、北茨城市沖合でとれるコウナゴから暫定規制値を超える放射性セシウムが検出され出荷停止となっていた。陛下はそれを気遣って、自分が食べれば漁業の風評被害も少しは緩和されると思ったらしい。コウナゴはこの日のメニューにはなかったが、陛下は放射線被曝の風評被害について「もう少し科学的に国民に理解してほしい」「きちっとした知識に基づいて判断してほしい」という趣旨のことを知事に話したという。

お見舞いが終わったあと、私たち記者は両陛下と話をした被災者を囲む「ぶら下がり取材」をする。両陛下は避難所で二手に分かれて被災者に声をかけていく。同行した記者十数人がぞろぞろとあとをついていくのは難しいため、二人程度が代表で追従する。残りの記者は離れた場所で両陛下の様子をうかがうので、会話の内容は聞き取りにくい。あとで代表取材した記者からレクチャーをしてもらうのだが、聞き漏らした話もあるので、被災者に頼んで話を聞くのだ。

「涙が出た」「お二人の顔を見て安心した」という声が多かったが、次のようなやりとりもあったという。

皇后さま「大丈夫ですか、夜は眠れますか」

被災者「ありがとうございます。ほんとうに地震のときはどうしていいかわからなかった」

皇后さま「こちらはもっと（揺れが）大きかったから、どんなにか怖かったでしょう」

天皇陛下「お疲れでしょう」

被災者「怖かったです。たんすなどが倒れてきて」

天皇陛下「よくご無事で」

被災者「長いこと避難所にいるので、あきてしまいました」

天皇陛下「少し体を動かした方がいいですね」

まるで心理カウンセラーと患者の会話だと思った。被災者は心にため込んでいた恐怖の体験と不安、不満を両陛下に話すことで癒されているのかもしれない。しかし、これを受け止め続けることは精神的に負担である。

次元の違う凄惨な現場

両陛下は五日後の四月二十七日、いよいよ被災地の「本丸」東北の宮城県を訪問する。羽田空港から自衛隊機で同県東松島市の航空自衛隊松島基地に到着、ヘリコプターで被災地を巡る。朝九時に皇居を出発し、移動と見舞いを繰り返して、夜八時過ぎにもどる。

天皇陛下七十七歳、皇后さま七十六歳。四週間前から毎週被災者見舞いを続けており、このあとも岩手県、福島県への訪問を控えている。肉体的な疲労に加え、先に述べた精神的な負担も大きい。私は「両陛下はどこかで倒れるかもしれない」と真剣に憂慮していた。

今回、両陛下は自衛隊機とヘリで移動するため、記者はまったく追従ができない。訪問先は岩手県に近い海沿いの南三陸町と仙台市であるため、二手に分かれて取材しなければならなかった。私は南三陸町を担当することになった。

前日に宮城県に入り、当日朝に現地に向かうしかない。南三陸町近辺に宿泊できる施設があるはずもなく、仙台市内でなんとか予約できたホテルに泊まった。東京からの東北新幹線は開通したばかりで、意外にすいていた。

二十七日、天気予報では雨が心配されていたが晴れとなる。午前八時過ぎ、両陛下の訪問は予定通りとの確認をとる。十時、貸し切り予約していたタクシーに乗り、南三陸町に向かう。途中の三陸道はかなり波打っており、タクシーがバウンドする。予想よりも早く、二時間足らずで南三陸町に入った。

そこには絶句するような光景が広がっていた。

いたるところにがれきの山がある。その破壊のさまは、何十回と空襲に遭ったような感じであった。以前の街がどのような形であったのか、まったく想像できない。

この時点で同町の人的被害は死者約五百人、行方不明六百人以上といわれていた（のちに間接死を含めて死者六百二十人、行方不明二百十一人）。

私は一九九五年の阪神・淡路大震災を取材した経験があり、二〇〇四年の新潟県中越地震では被災地の長岡市の支局に勤務していた。地震の被災地は見慣れたつもりだった。しかし、この凄惨な現場は次元が違うと感じた。これまで見てきた被災地は、街が大きく破壊されていても、そこに人々が暮らしていた痕跡があった。そのあとをたどって、元の暮らしを立て直そうという希望が持てた。

しかし、津波の破壊力は人間の生活を根っこもろとも奪い去っていた。この街にどういう道路が通っていて、どのように商店街、住宅街が区画されていたのか、皆目わからない。

まるで砂漠のようだった。

「これは……、生易しいものではない。復旧、復興というよりも、街を一から作り直さなければならない」と思った。

大川小学校の悲劇

正午過ぎ、両陛下がヘリで到着予定の伊里前小学校のグラウンドに着く。高台にあるグラウンドからは港と町が一望できるが、見渡す限り巨人に踏みつぶされたような状態で、元どおりの建物はほとんどなかった。

午後一時過ぎ、両陛下を乗せた自衛隊のヘリ「スーパーピューマ」が現れ、すごい砂ぼこりを上げて着陸する。天皇陛下はベージュのブルゾン、皇后さまもベージュの上着の「被災地訪問着」だ。ヘリには宮内庁長官、侍従長、女官長、宮城県知事らが同乗してきた。

両陛下は出迎えた佐藤仁町長の説明を聞きながら、グラウンドの崖から破壊された町の様子をじっと眺めていた。両陛下は熱心に質問する。天皇陛下はさらに崖に近づき、皇后さまも続いた。そして、海に向かって深々と頭を下げた。

佐藤町長は地震発生後、同町の防災対策庁舎に詰めていたが、そこを津波が襲い、庁舎屋上のアンテナにしがみついて九死に一生を得た人だ。

ヘリに同乗していた知事によると、両陛下は上空で壊滅した三陸沿岸をずっと見ていたという。津波により児童七十四人、教職員十人が亡くなった石巻市立大川小学校の上にさしかかると、天皇陛下は「大変な被害でしたね。かわいそうでしたね」と話していたらしい。

このとき同行した川島裕侍従長がのちに著した『随行記』で、「宮城県だけで二十三年分の瓦礫が生じ、十五万台の自動車が破壊されたという知事の話は凄まじかった」と書いている。

伊里前小学校の隣の歌津中学校体育館が避難所になっていた。避難者は約二百人。両陛下は予定より十五分早く、午後一時四十五分ごろに体育館内に足を運んだ。私は代表取材にはあたっていなかったので、館内を見下ろすことができる二階ギャラリーから両陛下のお見舞いの様子を見学した。

両陛下が入ってくる。最初に声を掛けたのは年配の男性。震災で精神的に変調をきたしたのか、ずっと意味のよくわからないことを叫んでいた。「どうなるだろう」と心配して見ていたが、両陛下うまく対応し、とくに問題なし。

両陛下は二手に分かれて被災者やボランティア、医師に声を掛けていく。やはり正座で被災者と向き合う。天皇陛下は耳が遠いせいか、身を乗り出して聞く場面も。このころは両陛下ともまだ補聴器をつけていなかった。

二階からでは両陛下と被災者の会話の内容はわからない。代表取材のため近くで聞いていた記者からあとで聞いたところによると、両陛下と被災者との会話は次のようなものだった。

小学校の教員と天皇陛下。「生徒たちはどうでしたか」「受け持ちの児童は全員助かりました」「それはよかったですね」「しかし、父親を亡くした子もいます。ケアに全力を尽くしています」「子どものためにがんばってください」

皇后さま、地元の漁師だという男性に「職業は何ですか」と尋ねる。「ホタテをとっています」「今年は（漁が）よい方だったので、残念ですね。ご苦労なさったでしょう」「各地の漁港の皆さんも応援してくれます」。女子高生三人には「学校生活が続けられるといいですね」、小学校三年の女児に「ときどきお外にも行くの？　どこに行くの？」と話しかけていたという。

被災者の悲しみを聞き続ける

老年の女性が天皇陛下に写真を見せて何かを話している。陛下はじっとその写真を見つめていた。写真はこの女性の三歳の孫で、津波にさらわれて行方がわからないという。女性は「小さくてがれきの隙間などに入っているのではないかと思います。毎日必死で捜しています」と涙を流して話していた。

天皇陛下は「それで毎日海の方へいらしている？　疲れないように、お体に気をつけて。見つかるといいですね」といたわっていた。

このほかの両陛下と被災者の会話も代表取材の記者からレクチャーされたが、それを聞いて氷の塊をのみ込んだような気分になった。両陛下が話しかけた人たちのほとんどが家族、親類、友人を津波で亡くしたか、行方不明の状況だった。

過去に様々な災害被災地をめぐってきた両陛下にとっても、例のないことだったのではないか。印象でいうのだが、大きな災害の避難所でも、仮に十人に声をかけていくと、そのうち家族などを亡くした人は二、三人くらいだろうか。ほぼ全員が愛する人、親しい人を失っている現場など記憶にない。

「これはきつい」

と思った。このような境遇の人々にどう言葉をかけたらよいのか。どんななぐさめも、被災地から遠く離れた安全地帯の人間の口から出た言葉はそらぞらしく、むなしく響く。

皇后さまはこの年の誕生日の文書回答で「このような自分に、果たして人々を見舞うことが出来るのか、不安でなりませんでした」と正直に述べている。

被災地での悲しみの言葉は聞く人間の心をドラムのようにたたき続ける。これはある意味、精神の苦行だ。聞き続けることは、被災者と同様に自らの心を傷つけていくことではないか。

両陛下が過密スケジュールのなか、疲労を蓄積したまま被災地を見舞い続けるのは、自分たちが傷つくことによって、はじめて被災者との心の回路ができ、彼らに言葉を返す資格が得られる、と考えているからではないか。勝手にそのような想像をしていた。

被災者の心にまっすぐ届く言葉を発せられる人は少ない。それは巧みな修辞などではない。その人が被災者の悲しみを自身のことのように感じているかどうか。絶望の淵にある人は、言葉の奥にある感情を敏感に察知するのではないだろうか。

「被災者のああいう笑顔は初めて」

三十分弱の見舞いを終えた両陛下は、体育館を出て伊里前小学校校舎内で警察、消防、自衛隊など六人の復旧作業尽力者代表をねぎらった。被災地訪問では被災者のほか、復旧作業に従事した関係者への「お声かけ」も必ず行われる。

天皇陛下は消防の代表に「ごくろうさまです。力を合わせて皆のために努力してください」、自衛隊代表に「いろいろ危険なこともあると思いますが、十分気をつけて」と話しかける。

県警代表の警察官が震災発生後九日ぶりに高齢の女性と青年を救出したことを聞き、「新聞にも出ていましたね。無事でよかったですね」。

最後に皇后さまが「どうぞ体に気をつけて、皆のためにがんばってください」と全員に語りかけ、天皇陛下が「ご苦労さまでした。どうぞこれからも体に気をつけて、元気に務められることを願っています」と締めた。

午後三時半前、両陛下は仙台市宮城野区の避難所訪問のため、スーパーピューマで飛び立った。両陛下はヘリに乗り込む前、再び崖の向こうの海に向かって黙礼した。

両陛下が去ったあとのぶら下がりでの佐藤町長の話。

「このグラウンドの校舎の一階まで冠水した。これだけ高い位置にあるのに浸水したのは想定外だった。目の前はがれきの山。ここは商店街、民家があった地域。このようにすべてなくなってしまったと説明した。両陛下もこの惨状を見て心を痛めているという話をされていた。お帰りの際も黙礼されたのは予想外。両陛下のお気持ちをあらためて思う。感激です。両陛下がおいでいただいたことで、避難している人たちが勇気づけられた。被災者のああいう笑顔を見たのは初めて。それほど皆感激していた」

両陛下の〝勇み足〟

宮城県での取材を終えて帰京した翌日の四月二十八日。宮内庁に顔を出すと、侍従職の幹部からおかしなことをいわれた。両陛下の被災地訪問を報じた新聞各紙の記事の内容に関して、「両陛下はけっして『がんばって』という言葉は口にされていない」というのだ。なかなか個性的な意見をいう人が宮内庁にはいる。これまでも書いてきたが、被災地で両陛下の「がんばってください」という言葉を何度聞いたことか。あれは私たち記者の空耳ということらしい。

当時、世間では「被災者に対して『がんばって』というのは、かえって負担になる」ということで、この言葉が禁句扱いされていた。たしかに、どうがんばっても亡くした家族はもどらない。そういう境遇の人には酷な言葉かもしれない。しかし、字面だけとらえた言葉狩りのような風潮に迎合するのはいかがなものか。

それが真心から発せられたものならば、どんな言葉であろうと被災者の胸に染み渡ることは、両陛下のお見舞いを見ていれば明らかなことではないか。

このような難癖は軽くいなしていたのだが、私には震災発生後数ヵ月間、ずっと「いかがなものだろう」と思い続けていたことがあった。だれもが絶賛する両陛下の被災地訪問の陰で、〝勇み足〟とも思える出来事があったからだ。
震災発生四日後の三月十五日から、災害への対処にあたる重要な役目を負った主要官庁のトップや様々な知見を持つ専門家などがほぼ連日御所を訪れ、両陛下に「ご説明」を行っていた。いくつか挙げると、
三月十五日　前原子力委員会委員長代理、警察庁長官
三月十七日　日本赤十字社社長、同副社長
三月十八日　海上保安庁長官
三月二十三日　日本看護協会会長
三月三十日　外務事務次官
四月一日　防衛大臣、統合幕僚長
平時ならこのような「ご説明」は問題ないが、震災発生一ヵ月は原発事故の危機は継続中で有事であった。そんな時期に重責を担う人間を呼びつけていいものか。もう少し待てないのか。未曽有《みぞう》の大災害に対応するためてんてこ舞いの首相官邸とは別に、もうひとつの「司令センター」ができたような感もあった。
「ちょっとどうかな」と思い始めたのは四月の初旬だった。記者会の重鎮記者のIさんに話すと、「同意見だ。象徴の枠を踏み外して動きすぎだ」とやはり批判的だった。

「震災発生間もないころに警察庁長官を呼びつけて話を聞いたのはやりすぎ。まるで元首のようだ。その後も防衛大臣、海保長官などを呼んでいる。天皇なのか首相なのか」というようなことを話し合った。

その後も農水大臣（四月十三日）、厚労副大臣（同二十六日）、総理大臣（五月十日）、経産省事務次官（六月二日）、林野庁長官（同八日）と政府要路の「ご説明」が続く。七、八月になると岩手、福島、宮城三県の知事のほか、各県の警察本部長も一挙に「お召し」となる。

八月上旬の定例会見で羽毛田信吾宮内庁長官を問い詰めた。

「両陛下に対する知事や県警本部長の説明が相次いでいる。ご説明が多すぎるのではないか。戦前の上奏を思わせる。両陛下の被災地を思う気持ちをどうこういうつもりはないが、日本国憲法下で政治的権能を持たないとされている天皇としての枠がある。政府関係者などが天皇を元首扱いして、『まず陛下にご報告』ということが慣例化するのはいかがなものか」

羽毛田長官の回答は「いまのなさりようは憲法における象徴天皇のありようとしてもふさわしい姿だと思っている。陛下は（被災した）国民一人ひとりに話を聞くわけにはいかないから、そこに関係している、いちばんよくわかっている方からお話を聞かれる。たしかに、現実に対応に当たっている人たちが来られることが対策の支障になってはいかんと

宮内庁は「両陛下はこれまで何度も居住地域から避難した人たちを見舞っているが、故郷にもどるため懸命に生活を再建しようとしている人たちを訪問したいというご意向があった。どこが適当か福島県に相談したら、川内村は村長が除染をしっかりやってもどろうという帰村宣言をしたということで、訪問先に決まった」と説明していた。

天皇陛下は「(仮設住宅の)居心地はどうですか」「ずいぶん何カ所も避難されたんでしょう?」と声をかけ、皇后さまは「避難中いろいろご苦労があったでしょうね」「よくご無事でいらしてくださいました。どうぞお元気で」と気遣っていた。

両陛下がお見舞いを終え、川内村をあとにしたのは午後四時過ぎ。帰りも郡山駅まで約二時間の道のりだ。この時期の日没は午後五時過ぎ。道半ばで周囲は暗くなり、そのなかを車列が走って行く。

通常の地方行幸啓では、両陛下の車列が夜道を走ることはほとんどない。日暮れまで行事と移動が続くことは両陛下の負担になるし、沿道の奉迎者を暗闇に立たせるわけにもいかない。

夜道の車列というのは、皇室担当記者を長くやっていても多く経験することではない。車列の各車両のテールランプを見ながら「これは非常時の行幸啓なんだ」ということを改めて意識していた。

忘れられた被災地へ

天皇、皇后両陛下がとりわけ心を寄せなければと考えているのが「社会の片隅で忘れられている」人々、地域であるならば、未曽有の巨大災害である東日本大震災の陰に隠れて忘れられがちな災害被災地をなんとしても訪ねなければと思うのは当然のことだった。

新潟県との県境にある長野県北部の栄村。人口約二千三百人の村が震度6強の地震に襲われたのは、東日本大震災発生の翌日だった。長野県北部地震だ。死者は出なかったが（その後、関連死が三人）、約九百世帯のうち七百弱で全壊、半壊、一部損壊の被害が出た。

震度6強は気象庁が定める震度階級（10階級）で震度7に次ぐ二番目に強い揺れである。通常なら全国から関心を持たれる災害だった。しかし、東日本大震災の被害はあまりにも大きかった。国民の目は東日本の震災被災地に注がれ、栄村の被害は忘れられていった。村の人々も東北地方のとてつもない災厄に遠慮し、被害を訴える声を上げづらかった。

両陛下は栄村のことを忘れなかった。東北各県の被災地訪問が一段落したあと、両陛下が栄村の訪問を望んでいるという話が伝わってきた。そして地震から九カ月後の二〇一一年十二月の訪問が固まった。

しかし、一カ月前に延期となる。天皇陛下が倒れたのだ。同年十一月六日、陛下は気管支炎が悪化したため東大病院に入院。発熱は三十九度近くあった。マイコプラズマによる気管支肺炎と診断され、二十四日まで入院が続いた。このため栄村訪問は翌年に先送りされることになった。

陛下が入院した翌日、風岡典之宮内庁次長は「推測だが」としながら、東日本大震災被災地訪問の疲れがたまっていたことも原因ではないかとの見方を示した。私は両陛下の被災地訪問を取材していて、肉体的にもさることながら、精神的な疲労によって、いずれこういうことになるのでは、と思っていた。皇后さまも夏ごろから、持病である左の肩から腕にかけての痛みを発症していた。

余談だが、天皇陛下が入院中の十一月中旬、私は「高齢天皇に酷な現制度」という見出しの記事を書いた。憲法と皇室典範は天皇が高齢となった場合を想定しておらず、「天皇制度」は構造的な問題を抱えている。ある程度の年齢に達した天皇は国事行為のみに専念するなどの「擬似定年制」を検討したらどうだろうか、という内容だった。

同月下旬に記者会見した秋篠宮さまが記者の質問に答える形で定年制に賛意を示したので一時期話題になった。ただ、この論考は退位はハードルが高すぎてとても無理だろうと思い、定年制という形で天皇陛下の負担軽減を図ってはどうか、という提案だった。六年後に特例法という形で退位が法的に認められるとは夢にも思っていなかった。

峠を走る御料車

栄村訪問は翌二〇一二年二月に天皇陛下の心臓の冠動脈バイパス手術が行われたこともあってさらに先送りされ、同年七月十九日に実施されることになった。日帰りである。

山深い村を訪ねるルートは、上越新幹線の臨時専用列車で新潟県の越後湯沢駅まで行き、そこから車列で同県の十日町、津南町を通過していくものだった。車での移動は片道約四十六キロ、休息を入れて約一時間四十分。これまでの被災地訪問を考えれば、さほどのものではないように思われるかもしれないが、そうでもない。

前に述べたが、私は新潟県の支局で勤務したことがあり、この地域の道路もよく知っていた。両陛下の移動ルートはまさに峠越えといっていい急坂の連続する道だ。全国有数の秘境といわれる秋山郷も近い。

移動の順路が発表されたときは「ええっ、あの山道を御料車が走るの!」とびっくりした。

当日午前十時、私たち記者は両陛下とともに臨時専用列車で東京駅を発ち、十一時二十分ごろに越後湯沢駅着。十一時半から車列が動き出す。栄村へと至る山間部の国道353号、117号線はカーブと坂の上り下りが続く。報道バスはひっきりなしにエンジンブレーキをかけ、車体が左右に揺れる。御料車も同じ状態だろう。

午後一時過ぎに栄村役場に到着。昼食と被害状況の聴取をすませた両陛下は、三・五キロ離れた横倉地区の仮設住宅を訪れた。

ここには四十七世帯、百三人が入居していた。約七十人が仮設住宅前に並んで両陛下を出迎えた。

両陛下はいつものようにほぼ全員に対して「地震のときはどうでしたか」「仮設住宅での生活はいかがですか」と声をかけていく。なかには百二歳の男性がいた。地震の際はすぐに家の外に出てけががなかったことを聞き、天皇陛下は「よかったですね」、皇后さまは「ありがとう、無事でいらしていただいて」と話していた。

住民らは「こんな山奥に」「お暑いなかありがとうございます」などと答え、多くの人は涙を流していた。皇后さまは「もう少し早くおうかがいしたかったのですが」「こちらは冬はたいへんでしょう。豪雪地帯だから」と相変わらず細かい気配りの言葉。

午後三時を過ぎていたが、夏の盛りだ。日差しがじりじりと暑い。気温は三十二度を超えていた。日陰がないところが多く、両陛下は帽子も日傘もなしに住民と話を続けている。熱中症が気にかかり、思わず近くにいた川島裕侍従長に「せめて帽子でもかぶったらいいのに。途中で水分補給しなくていいんですか」と聞いてみた。

侍従長は「両陛下の近くに水のペットボトルなんか持っている人間がいないから。それに両陛下は人前で水を飲んだりしない」という。うーん、そうはいってもなあ、と心配しながら見ていた。屋外でのお見舞いは約三十分。見ているこちらも直射日光を浴びてフラフラになった。

栄村訪問を終えた両陛下は、行きと同じコースで東京へもどっていった。私たち記者はバスのなかで居眠りできる。しかし、両陛下は御料車でそんな姿を見せることはない。「きびしい仕事だ」と思う。

懇談の場に首長らの〝割り込み〟

これはあくまで私個人の感想なのだが、震災発生五年を過ぎたころから両陛下の被災地お見舞いが当初の自然な形から変化し、前例踏襲の型にはまったものになっているのではないかという気がしている。それは両陛下の責任ではなく、両陛下が被災者を見舞う場をセットする被災地自治体の問題であると考えている。

それを強く感じたのが二〇一六（平成二十八）年三月十六〜十八日の福島・宮城県の被災地訪問だった。

十六日、東京から福島県入りした両陛下は三春《みはる》町の葛尾《かつらお》村役場出張所で、原発事故で全村避難を続けている同村の被災者代表と懇談した。役場出張所の目の前には仮設住宅が立ち並んでおり、懇談取材までの待ち時間の間、私たち記者は仮設住宅街を見学し、住民の話を聞いたりしていた。

両陛下と被災者代表の懇談が行われたのは、プレハブの出張所の一室。懇談はテーブルを囲んで両陛下と被災者五人が向き合う形で行われた。これまでの被災地訪問でも「選抜された」被災者代表との懇談が行われることはあったが、テーブルを前にした座談形式はこのときが初めてだったと思う。

事前に「狭い場所です」という説明はされていたが、部屋の真ん中にテーブルが置かれているため、記者とカメラマンは壁際に張り付いてぎゅうぎゅう詰めの状態。そこに何やら被災者とはあまり関係のなさそうなスーツ姿の男たちがぞろぞろ入ってきた。胸に議員バッジらしきものをつけている。彼らが立ちふさがるため、私たち記者は両陛下と被災者の懇談の様子がよく見えない。こんな取材現場は両陛下の被災地訪問で初めてだった。

懇談の形式も奇異に感じた。五人の被災者代表とともに、葛尾村の村長と福島県知事が懇談の席についている。この首長二人は被災者代表なのだろうか。首長は両陛下に復興状況を説明する別の場がある。百歩譲って村長は被災した村民を代表する立場といえなくもないが、知事まで席を占める必要があるのか。首長が出しゃばらなければ、あと二人の被災者が両陛下と懇談できたではないか。

懇談が終わり、両陛下が役場出張所を出るときも、「これはどういうことか」という場面に出くわした。出張所の前では十数人の被災者（これも選別された代表）が見送ったが、その五十メートルほど先の仮設住宅の前には三百人近くはいただろうか、多くの村民が両陛下を見送ろうと待っていた。

私は当然、両陛下がこれらの人たちに近づき、すべての人に声をかけるのは無理としても、会釈してから出発するものと思っていた。しかし、御料車は出張所のすぐ前で待っており、待ち受ける被災者に両陛下が近づく機会はなかった。

この葛尾村役場出張所での懇談の取材を終えて、これまでの被災地取材では感じることのなかった怒りがこみ上げてきた。何百人もが暮らす仮設住宅を目の前にして、数人しか両陛下と言葉を交わすことができず、多くの被災者の前を素通りするとはどういうことだろう。その数少ない人たちとの懇談の場にさえ、首長や議員バッジの「名士」たちが割り込んでくる。いったい、だれのための両陛下のお見舞いか。

私は翌日の朝刊で「訪問の日程形式化、出迎え住民接する場少なく」という見出しの記事を書いた。葛尾村被災者との懇談形式に疑問を投げかけ、多くの被災者と「ひざ突き合わせて」行われていた両陛下の被災地見舞いが、震災発生から五年を過ぎて形だけのものになっているのではないか、という内容だった。

この記事が両陛下の思わぬ行動を招くことになった。

両陛下、予定外の声かけ

翌三月十七日、両陛下は宮城県石巻市の県水産会館を訪問。ここにある津波の犠牲になった漁業関係者の慰霊碑に拝礼した。

予定では両陛下は拝礼後すぐに会館内に移動し、しばし休息をとることになっていた。ところが、二人はそのまま会館前の道路の反対車線側にいた奉迎者のもとへ近寄って行った。

「あっ、行かれた！」

随員から驚きの声が上がった。両陛下が予定外の方向に、それも通行を規制していない道路をスタスタと横断して行く。警備の側衛官が慌ててあとを追う。記者たちも走った。

両陛下は奉迎者の前列にいた車いすのお年寄り一人ひとりに声をかけていった。まるで前日、仮設住宅前にいた被災者に声をかけられなかった埋め合わせをするかのように。

ジーンとこみ上げるものがあった。両陛下は毎朝各紙朝刊を熱心に読む。地方訪問先でも同じだ。両陛下の行動を見て「あの記事を読まれたのだな」とすぐわかった。感動したのは、被災者のためにすぐ行動に移す真摯さだった。

両陛下が休息中、会館の前で風岡典之宮内庁長官が話しかけてきた。

「きょうの朝刊の記事、何あれ。両陛下への批判なの？」

「いやいや。ああいうお見舞いの場の仕切り方をした県に対する批判ですよ」

「まあわかったが、やはり両陛下と宮内庁への批判と読めるなあ」

長官にそういわれ、両陛下が自分たちへの批判記事と受けとめて、きょうの行動につながったとしたら申し訳ないと思った。県当局をことさらあげつらうと、被災地全体への批判と受け取られるのではないかと考え、主語をあいまいな形で記事を書いてしまった。両陛下への批判と読まれるとは思っていなかった。

この日の夕食時、他の記者から「きょうの両陛下の念入りな被災者への声かけは井上さんの記事の影響では？」「形式化という言葉に両陛下は傷つかれたんじゃないですか」といわれ、言葉足らずを反省した。

しかし、五人程度の被災者代表のみがテーブルを囲んで両陛下と懇談する形式は、このあとの災害被災地訪問でも繰り返されることになる。「もっと多くの被災者と両陛下が接することができるはずなのに」と思う場でも、この形が判で押したように続いている。

被災地それぞれの状況で柔軟に対処することを怠り、楽な前例踏襲に流されているのではないか。私が指摘した「形式化」は的外れではなかったと思う。

日帰りには遠すぎる熊本の被災地

天皇、皇后両陛下の災害被災地訪問について、東日本大震災関連の話ばかり続けてきたので、他の被災地訪問についても触れておきたい。

二〇一六（平成二十八）年四月十四日夜、熊本県で大きな地震が発生した。同県益城《ましき》町では震度7が観測される。しかし、これは前震だった。翌日も震度6強の揺れがあったあと、十六日未明に本震が襲った。益城町で再び震度7を記録。震度7が二回観測されたのは、一九九六年に現在の震度階級が制定されて以来初めてだった。

家屋の全半壊、道路の崩落など被害は甚大で、五月の下旬時点で死者は約五十人、関連死は二十人、避難者は九千八百人を超えた。国の重要文化財である熊本城は櫓や門、石垣などに深刻な損傷をこうむった。

被害の大きさから、両陛下が被災地をお見舞いするのは確実とみられていた。発生から十一日後の四月二十五日、宮内庁の山本信一郎次長は定例の記者会見でこう述べた。

「熊本の地震はいまも余震が続いている。両陛下におかれては大きな被害が出て、多くの人々が余震が続くなか不安な日々を過ごしていることを心配されている。できるだけ早期に被災地を訪れ、被災者を励ましたいというお気持ちがあると拝察している。しかし、まだ現地は復旧作業などで忙殺されている状況。時期については地元や知事の判断を踏まえて検討する。現地の状況を見守っている」

私は発生から一ヵ月を過ぎた五月中旬ごろには訪問は実現するだろうとみていた。ただ、問題があった。

両陛下が被災間もない現地を訪れる場合、復旧に忙殺されている関係者の負担に配慮して、日帰りでの訪問が原則だ。しかし、東京から熊本県は日帰りで訪問するには遠すぎるのではないかと思った。これまで両陛下が日帰り訪問した災害被災地でもっとも遠かったのは、一九九一（平成三）年の雲仙・普賢岳の噴火被災地の長崎県島原市だった。

東京から島原市まで直線距離で九百二十キロ余り。熊本県の被災地までの距離は約八百八十キロだが、島原市訪問時は両陛下ともまだ六十歳前だった。今回、両陛下は八十歳を超える高齢となっている。

「日帰りは負担が大きすぎる。福岡市あたりで一泊して現地入りするべきだろう」と私は思っていた。定例会見で長官や次長にこの点をただしたのだが、どうもはっきり答えない。

「日帰りを実行するつもりか。両陛下の強い希望なのだろう。現地に迷惑をかけないために日帰りを貫くのが両陛下の〝美学〟なのかもしれない。しかし、年齢を考えると無謀ともいえるのではないか」

と私は考えていた。

訪問は五月十九日と決まり、同月中旬に宮内庁からスケジュールの説明があった。当日午前十時に皇居を出発。特別機で昼過ぎに熊本空港に到着後に自衛隊のヘリで被害の大きかった南阿蘇村と益城町の二カ所を訪問し、避難所の被災者を見舞う。皇居に戻るのは午後九時ごろになる。

予想通りの強行軍だ。しかし、私は負担を顧みない両陛下の被災地訪問を「美談」ととらえる気にはなれなかった。「この強行軍は八十歳を超えた両陛下の公務負担軽減の流れと矛盾する」「余震がまだ続くなか、もう少し時間をおいてからの方が被災地は受け入れやすいのではないか」ということも頭に浮かんでいた。

皇后さまの上着に「くまモンバッジ」

十九日午前十時半過ぎ、両陛下を乗せた特別機は羽田空港を離陸した。私たち記者も同乗する。現地での時間を節約するため、両陛下は機中で昼食をとる。同行記者にも機内食が出た。

特別機は正午過ぎに熊本空港に到着した。熊本空港といえば三年前の二〇一三年十月、全国豊かな海づくり大会で訪れて以来だ。この空港の周辺の益城町を震度7の揺れが襲い、いまは多くの家屋が壊滅的な状態にある。

三年前の空港を思い出させる風景はない。通常の行幸啓とちがい、両陛下は特別機から滑走路に降り、そこに熊本県知事が出迎えていた。両陛下はマイクロバスに乗り、いったんターミナルの休所へ。そこで被災状況の聴取が行われる。滑走路には自衛隊が用意したお召機のヘリ「CH47」三機が待機している。その光景はまさに「有事」だった。

皇后さまは上着の下の方に熊本県のマスコットキャラクター「くまモン」のバッジをつけていた。両陛下のお見舞いを終えたあとのぶら下がり取材で熊本県知事が「海づくり大会のときに、くまモンのピンバッジを差し上げたが、今回、そのピンバッジをつけて皇后陛下がいらっしゃった。熊本に深く寄り添って考えていただいたのかな、というふうに感じました」と話していた。

皇后さまはアクセサリーなど身につけるものにメッセージを込めることが多い。やはり要注意だ。しかし、私のようなオジサン記者は、そういう細かい部分に目を向けるのが苦手だ。特別機を降りて知事らの出迎えを受ける両陛下を目を皿のようにして見ていたつもりだったが、皇后さまのバッジにはまったく気がつかず。あとで他社の女性記者に教えてもらった。

午後一時前、両陛下を乗せたCH47が爆音を響かせて南阿蘇村へ向かった。このCH47

はカーキ色の迷彩色で、葉巻型のいかにも軍用機というヘリ。騒音と振動も大きく、乗り心地が良いものではない。

両陛下がヘリで移動する際はフランス・アエロスパシアル社製の大型ヘリ「スーパーピューマ」が使用されるのが常だった。同機はＶＩＰ専用機で、首相や来日した各国要人の輸送にも使われている。

ところが、熊本訪問の直前の四月末に同型機がノルウェーで墜落事故を起こした。原因が究明されるまでは世界中で同型機が運航中止となったため、急きょＣＨ47に差しかえられた。ちなみに、このあとの五月末に開かれた伊勢志摩サミットでも各国要人の輸送に用意していたスーパーピューマが使えず、やはりＣＨ47で代用した。

個室形式の避難所

東京から同行した記者はヘリを追従できないので、両陛下が南阿蘇村から戻ってくるまで益城町で待機することになる。南阿蘇村では先乗りした別の記者たちが取材にあたった。私は事前に予約して熊本市内から来てもらったタクシーに乗り、両陛下が被災者を見舞う予定の避難所となっている益城中央小学校へ向かった。空港から十五分ほど。途中には損壊した家屋や土砂崩れの山林などの光景が広がる。

小学校に着き、しばらく避難所の体育館や学校の校庭（両陛下ヘリ着陸地点）などを見て回る。時間があるので、益城の町内を回ることにした。幹線道路、住宅街を通る。古い瓦屋根の家屋はほとんど全壊しており、まだがれき撤去もされていない。町役場は「危険」の赤い張り紙があり、使用不能状態。役場前の銅像などが無残に倒れていた。

小学校に戻り、両陛下の到着を待つ。地元の幼稚園児が奉迎待機していたが、例によって女性警察官による「奉迎指導」が行われていた。園児らは二時間近く待たされていた。

午後三時五十分ごろ、両陛下を乗せたヘリが校庭に着陸。そこからマイクロバスで小学校入り口へ向かい、校長らのあいさつを受けたあとで体育館に入った。

取材は記者会の幹事社が代表で両陛下を追従。そのほかの記者は体育館入り口で遠めから両陛下の動きを追う。体育館内は段ボールベッドと柱、カーテンで仕切った各被災者世帯の「居住スペース」が作られていた。災害被災地の避難所でこのような形式を見たのは初めてだった。

災害被災地を訪れるたびに思うのは、避難所のプライバシーをいかに保つかという問題だ。多くの人たちがむき出しの空間で何日も過ごすのは相当なストレスになる。とくに女性にとってはつらい経験だ。

段ボールの仕切りでプライバシーを守る試みがなされていた被災地もあったが、それで

熊本地震の避難所となっている益城中央小学校の体育館を訪れ、被災者を見舞う天皇、皇后両陛下。2016年5月19日（共同）

も上からは丸見えである。益城町の避難所のように柱とカーテンで仕切った個室形式なら、被災者のストレスはかなり軽減されるだろう。ただ、この形式は一世帯あたりのスペースを広くとるため、被災者の数が多くなると難しい。

女の子が陛下に紙の花束

体育館に入った両陛下は拍手で迎えられる。被災者の表情がぱっと明るくなったのが印象的だった。ところどころで笑い声も聞かれた。両陛下は二手に分かれて各区画の被災者に声をかけて回る。区画は約六十で、計二百四人の被災者が避難していた。

女の子が天皇陛下に近づき、紙で作った花束を渡した。この小学校の三年生らしい。

天皇陛下は「どうもありがとう。これは作られたんですか?」と聞いた。女の子は恥ずかしいのか、はっきりとは答えなかった。

「これは絵になるなあ、テレビ向きだなあ」と思う。

予想どおり、この日の夜のテレビのニュースでは、各局ともこの場面を放送した。天皇陛下は避難所にいる間、ずっとこの花束を手にしていた。そのまま御所に持ち帰ったと聞く。翌年の年頭に発表した御製で陛下はこのときのことを詠んだ。

幼子の静かに持ち来《こ》し折り紙のゆりの花手に避難所を出づ

避難所で陛下は「いかがですか、おうちの方は?」と聞いて回っていた。「全壊してしまって、これからどうしようかと思います」「一部損壊ですけど、もどるのが怖くて」という人が多かった。「孫が亡くなって。二十八歳でした」という女性がいて、陛下は「そうですか、本当に残念なことですね」となぐさめていた。

いつも思うのだが、こういうときに何と答えるべきなのだろう。家族を失った人を前にして、「残念」だけでは足りないような気にもなる。

けれども、気の利いた言葉をあれこれ考えるのは浅はかなことかもしれない。被災者に心を寄せることに言葉の巧拙は関係ない。その場に足を運び、悲しみと不安の渦中にある人をいたわる。その行為こそが人々の心に深く染みこむ。陛下の「残念」は、小器用な言葉を万言費やすよりも重みを持つ。被災地への同行取材を続けるうちに、そう思うようになった。

耳の不自由な年配女性がいた。皇后さまは手話を交えて「(命が助かって)よかったですね。大丈夫。元気でね」と話しかけていた。この女性に付き添っている母子がいる。皇后さまはその男の子(小学校一年生)に「ずっと付き添ってくれてありがとう」とわがことのようにお礼をいった。

この男の子が風船のおもちゃを持っているのを見て、皇后さまは「それ何？　見せて、やって見せて」とおちゃめぶりを発揮して要望する。男の子が風船を膨らませようとしたが、力が入ったのかうまくいかず。皇后さまは「少し硬かったのね。ありがとう」といい、周囲から笑い声が起こった。

次は目の不自由な高齢男性がいた。皇后さまは「ごくろうさまでした。お怖かったでしょうね。お元気でいらしてくださってうれしゅうございます。お元気で。お大事にね」とねぎらった。

見ず知らずの人間に「あなたが無事でいて私はうれしい」という言葉を、空々しさなしにいえる人は少ない。

発災間もない時期だからこそ

午後五時二十分過ぎ、ヘリで空港に向かった両陛下を見送ったあと、益城町長などの囲み取材。六時四十分に東京に向け出発する特別機に同乗するため、取材を途中で打ち切って空港に向かった。

私たち記者はヘリのなかでの両陛下の様子を見ることはできなかったが、宮内庁の総務課長から次のような内容のレクチャーがあった。

「南阿蘇村をヘリで出発した後、西原村上空をお見せし、ヘリは旋回してゆっくりと上空を通過しました。西へ向かって熊本市東部へ。そして益城町上空のフリップをお示ししました。皇后陛下は説明があった地点で身を乗り出し、黙とうをされました。陛下はずっと食い入るようにご覧になっていました。ヘリは右旋回して益城町へ。熊本城はヘリからは遠くて見えませんでしたが、ブルーシートに覆われた倒壊家屋をよくご覧頂けたと思います。両陛下には（被災地を）できるだけしっかり見たいという思いがありました」

この日の夜に帰京したあと、私は皇后さまの友人で岩手県在住の絵本編集者、末盛千枝子さんにメールを送った。末盛さんは東日本大震災の際に「3・11絵本プロジェクトいわて」の代表を務め、被災地の子どもたちに絵本を送る活動を行ってきた。皇后さまも十九冊の絵本を寄贈している。

末盛さんとは取材を通じて二十数年来の知り合いで、皇后さまとの交友の話などをよく聞かせてもらっていた。四月の都内の行幸啓で皇后さまが少し疲れた様子だったので、熊本訪問直前に御所を訪ねる予定だった末盛さんにそのことを伝えていた。皇后さまに会った末盛さんの感想は「お元気でしたけど、少しおやせになったと思いました」だった。

帰京後に送ったメールは皇后さまの様子を伝えてくれたお礼と、熊本被災地訪問同行の報告を兼ねたものだった。加えて、「天皇、皇后の災害被災地訪問にはどんな意味と意義があるのか」について、改めて気づいたことをだれかに伝えておきたいという気持ちもあった。

「末盛さま

先日はメールありがとうございました。両陛下に同行して熊本の被災地を日帰り訪問してきました。

タクシーで被災地を回ってみました。木造、瓦屋根の古い家はほとんどが全壊。がれきの撤去などはまったくできておらず、復旧はまだまだ先との印象を持ちました。

両陛下は南阿蘇からヘリで益城中央小学校校庭に着陸。同小体育館の避難所を見舞われました。いつものように一人ひとり、ほぼ全員に声をかけ、膝をつき、手を取る姿。苦しく、そして先の見えない不安でいっぱいであろう被災者の人たちの顔がみるみる明るくなり、皆が微笑んでいるのが印象的でした。

最後に避難所の人たちが『天皇、皇后両陛下バンザイ、またお会いしたいです』と叫んでいました。私は様々な行事で国会議員などが『天皇陛下バンザイ』と叫ぶことに違和感を持っていたのですが、このときのバンザイには心底の感謝と喜びがこもっていて、すがすがしく聞こえました。

つらい思いをしている人たちの心に、ここまで劇的な、生きるための灯をともすことは、総理大臣、宗教指導者、有名俳優、スポーツ選手でも難しいのではないでしょうか。

私は今回の被災地訪問の日程を聞いたとき、『日帰りは八十歳を過ぎた両陛下には過酷で、負担軽減に逆行する』『発災後一カ月余りでは現地の混乱が続いており、訪問は早すぎるのではないか』と思いました。

しかし、両陛下と被災者の姿を見て、この日程は正解だったと考えを改めました。発災後一カ月というと、被災者はまだ恐怖の記憶と不安、不自由な避難生活で苦しんでいる時期です。この時期だからこそ、両陛下の見舞いに意味があるのだ、と。苦しいであろう被災者の顔がぱっと明るくなり、生きる希望を得たような姿を見たとき、『いま行かなければ』と強く望まれた両陛下の行動の正しさを理解しました」

第四章

歴史のトゲを抜く

和解への旅

中国を訪問、歓迎晩餐会（北京・人民大会堂）で楊尚昆国家主席（中央）と乾杯する天皇陛下。1992年10月23日（共同）

長年続いた中国からの訪問要請

平成の天皇、皇后の数多い旅のなかで特異な例が二つある。

一九九二年十月の中国訪問と九三年四月の沖縄県植樹祭訪問だ。これまでに述べてきた行幸啓のカテゴリーからいえば、前者は外国訪問、後者は国内での定例行事である。しかし、この二つの旅はその枠に収まらない意味をもっていた。

この中国、沖縄訪問が異質なのは、政治が前面に登場したことと国内での強い反対論、そして反対勢力によるテロ行為とそれに備えた厳戒態勢などの事象を引き起こしたことだ。平成三十年間の旅で、このような状況で実施されたものは、あとにも先にもこの二例のみだ。

そして、これらネガティブな意味での特徴をはるかに超える、歴史的な意義がこの旅にはあった。短い言葉でいえば「和解の旅」である。二つの地は日本による先の戦争で甚大な被害を受けた。日本現代史におけるのどに刺さったトゲであった。

そのトゲを抜く役割を天皇に負わせるべきなのか、という議論はあるが、二つの地への天皇、皇后の旅は現代史にひとつの区切りを記したのは事実だ。その意味で、私はこれらが天皇、皇后の旅のなかでも特筆すべき例であり、その意義は非常に大きかったとみている。

　私はめぐり合わせでこの二つの旅を同行取材することができた。ただ、記者として経験が浅い時期で、目の前の出来事を追うのに精一杯だった。当時は旅の歴史的な意義を深く考察する力に欠けていたが、取材メモと記憶の断片、そして多少のあと知恵を交えて、二つの歴史的な旅の見聞を記述していきたい。

　まず、天皇訪中だが、少々長くなるが、前置きを述べなければならない。

　一九九二（平成四）年十月二十三日から二十八日までの六日間、天皇、皇后両陛下は中華人民共和国を訪問した。一衣帯水《いちいたいすい》といわれる日中の長い歴史で、天皇の訪中は初めてであり、平成史だけではなく、日本の歴史上でも画期的な出来事だった。

　天皇訪問は中国側の強い要請で実現した。一九七八年十月、当時の中国の最高実力者・鄧小平が来日し、昭和天皇とも会談した。天皇が訪中に前向きな姿勢を見せたことから、中国は天皇訪中の招請を本格的に検討し始める。

　一九八〇年代、首相など来日した中国要人が招請を続ける。狙いは歴史問題の解決だった。天皇が訪中すれば、過去の戦争について何らかの言及、いわゆる「お言葉」が公表されるのは確実だ。これにより、日本で侵略戦争を否定する反中勢力は、日中友好に反対する根拠を失うと考えられた。

しかし、日本政府は慎重な姿勢をとり続けた。天皇が訪中し、戦争についての「謝罪」が行われれば、保守勢力の猛烈な反発を招く。また、天皇の韓国、沖縄訪問が実現していなかったことも要因といわれている。そして、一九八九年の天安門事件により、天皇訪中への動きは凍結される。

このあと、中国側の天皇招請戦略は転化する。銭其琛元外相の回顧録などによると、天安門事件に対する西側諸国の制裁で国際的に孤立した中国は、日本を包囲網の「突破口」と見立て接近工作を進める。そのための象徴的なセレモニーとして天皇訪中を熱望した。

一方、日本側も九〇年代に入って対中関係正常化を模索し始める。戦後続いてきた対米従属一辺倒の外交からの脱却と中国が孤立し続けることによる経済的なデメリットなどが考慮された。そして、天皇訪中により「のどに刺さったトゲ」である歴史問題に区切りをつける（日本側の願望は歴史問題の終結）という狙いがあった。

九一年から翌年の日中国交正常化二十周年を名目にした中国側の天皇招請活動が活発化する。九二年の初頭から両国間の協議が具体的に進み始めると、自民党内はじめ国内の保守勢力から反対の大合唱が起こる。

反対の主な理由は「中国は天安門事件で人権を蹂躙《じゅうりん》した国であり、天皇が訪問すれば西側各国から批判を受ける」「中国はＰＫＯ問題で日本を批判した上、尖閣諸島を固有の領土とする領海法を施行した（同年二月）」「過去の戦争について天皇に謝罪を要求する可能性がある」「日中に真の友好が確立されていない段階での訪中は、天皇の政治利用にあたる」などだ。「朝貢外交だ」という感情論もあった。

反対したのは保守勢力だけではない。左翼勢力も「天皇訪中は戦争責任をうやむやに決着させるもの」として反対を主張していた。過激派は「訪中はアジアへの新たな侵略の第一歩」などとして、「あらゆる手段で訪中を阻止する」と宣言していた。

左右双方のスローガンが「天皇の政治利用反対」だった。天皇訪中は完全に政治マターとなった。天皇の海外訪問でこのような論議が巻き起こったのはこのときのみだ。

くすぶる「お言葉」問題

天皇訪中反対を訴える集会がいくつも開かれた。私は九二年八月七日に東京・永田町の自民党本部内で開かれた「天皇陛下の御訪中を考える緊急集会」を取材した。発起人を代表して、右派の論客である音楽家の黛敏郎氏があいさつした。

「日中国交正常化二十周年を記念するなら宮沢（喜一）首相が行けばよい。天皇が行く必要はない。天皇が訪中すれば、必ずお言葉の問題が出る。天皇に謝罪の旅をさせてよいのか」

集会には中国の民主化運動の活動家や反体制的な留学生も参加して訪中反対を表明した。八月半ば、反対勢力の「ガス抜き」のための有識者ヒアリングを経て、天皇訪中は同月二十五日の閣議で正式に決定した。事前に報道されていた十月二十二～二十七日の日程は「異論があるなかで政府は当初から日程を決めていた」との反対派の批判を避けるため、一日うしろにずらされた。

訪中が決まると、次の焦点は中国での天皇の「お言葉」になった。反対勢力は天皇が過去の戦争について謝罪する内容は認められないという姿勢を示していた。反対運動はまだくすぶっていた。

八月末、私は富田朝彦元宮内庁長官を訪ねて、お言葉についての意見を聞いた。富田氏は一九八四年の全斗煥《チョンドファン》韓国大統領来日の際の宮中晩餐で、昭和天皇が「今世紀の一時期において、両国の間に不幸な過去が存したことは誠に遺憾」と述べたことについて触れ、「当時はもっと明確に謝罪してはどうかという意見もあったが、このときのお言葉が参考になるだろう」と話していた。

ただ、昭和天皇のお言葉は第三者的で日本の加害責任を素通りしており、韓国側に不満が残った。一九九〇年に来日した同国の盧泰愚《ノテウ》大統領を迎えた晩餐では、天皇陛下が昭和天皇の言葉を引用し、そこから踏み込んで「わが国によってもたらされたこの不幸な時期」と加害を明確にし、かつ「痛惜の念」という心情を述べた。

富田氏は「痛惜には主観的な気持ちが入っている」として、中国ではここまでの言葉は使わないのではないか、という意見だった。はたして、訪中時のお言葉は富田氏の考えどおり、全大統領来日時のものが踏襲されることになる。

天皇の外国訪問に関して、前例のない賛否両論渦巻く状況について富田氏は「天皇陛下が外国に出て行くということは政治的、外交的な影響は避けられない。しかし、（天皇、宮内庁が）政治に乗っかる（意のままに動く）ということでもない」と話していた。

お言葉は天皇、宮内庁が主体的に関わっているとも受けとめられる問題なので、当時の同庁幹部らはかなり神経質になっていた。

お言葉問題を山本悟侍従長に聞いたところ、「お言葉について陛下が何か意見を言うことはない（政府が作成し、責任を負うということ）。天皇が謝罪をするのではという不安もあるようだが、イギリスやオランダの女王が旧植民地に対して謝ったことがあるか。同じことだ」と不機嫌な感じで返答されたことを覚えている。

「陛下は中国での戦争についてどのようにお考えか」と聞いても、「中国の歴史、文化については興味をもっておられるだろう。（戦争について）昭和天皇から申し送られたものはないと思う」と、戦争と天皇を極力切り離したいという口ぶりだった。

宮内庁がピリピリしていたのにはわけがある。反対勢力によるテロが真剣に憂慮されていたのだ。天皇訪中は当時の宮沢政権とともに宮内庁も積極的に推進していると反対派からはみなされていて、藤森昭一長官は攻撃の的になっていた。このため同長官をSPが厳重警護することになった。

のちにある宮内庁職員から「訪中前に自宅前をパトカーが巡回警備するようになった。宮内庁、外務省の職員のほか、特別機の航空会社の社員など、訪中に同行する人間には末端まで全員警備がついた」という話を聞いた。

これらは過剰反応とはいえなかった。実際に天皇訪中に反対するテロ事件が頻発していたからだ。三月には天皇訪中反対を叫ぶ右翼が金丸信自民党副総裁に向けて短銃三発を発砲。七月には宮沢首相の私邸前で訪中延期の檄文をもった右翼が割腹自殺を図る。八月には宮沢派の宏池会事務所に右翼の男が立てこもり、首相官邸前では小型トラックに火を放つ抗議行動が行われた。

いわゆる極左過激派のゲリラ事件もすさまじかった。十月に防衛庁長官や自民党参院議員宅などに時限発火装置が仕掛けられる事件が連続して五件発生し、中核派が犯行声明を出した。東京都港区赤坂の駐車場の車から赤坂御所を狙ったと見られる金属弾が発射された。神社本庁が天皇訪中の安全祈願を加盟する神社に通達したため、各地の神社も放火された。

百八十人の大記者団

天皇、皇后両陛下は十月二十三日、羽田空港から日航特別機で中国へ旅立った。妨害活動を警戒して、一週間ほど前から一九七九年の東京サミット警備と同規模の約二万六千人の警官が都内各所に配置されていた。

この日、両陛下は赤坂御所で午前六時に起床。六時半に紀宮さまと朝食をとり、皇居・吹上御所の昭和天皇の御影（写真）と皇太后にしばらく留守にするあいさつとして花を贈った。午前九時半に羽田空港に向けて出発。皇后さまは各宮家の妃殿下から贈られたバラのブーケを手にしていた。

空港では皇太子さま、秋篠宮夫妻など皇族のほか、宮沢首相と衆参両院議長、最高裁長官らが出席した歓送行事が行われた。その後、両陛下は日中両国旗が周囲に交互に並ぶ二十二番スポットの特別機（この時期、まだ政府専用機はない）へのタラップを上り、見送りの人たちに会釈する。私たち同行記者も特別機に同乗する。

記者団（カメラマンを含む）の数は前代未聞だった。宮内記者会の加盟、準加盟二十社で約百五十人。ＮＳＮＰジャパンプール（取材映像を共同伝送することを目的にＮＨＫと民放キー局が設けた組織）十五人、外国報道機関六人、雑誌協会代表三人、属託ムービー五人の約百八十人という大記者団になった。さらに現地の特派員十五社七十一人を加えると、約二百五十人が取材にあたることになる。

特別機には随員も多数同乗するため、記者団全員が乗り切れず、一部は予備機で同行することになった。同行記者が飛行機二機に分乗した例はこのときだけだ。

異例だったのは、この記者団に各社の政治部記者が加わっていたことだ。皇室取材は社会部記者が担当しており、外国訪問といえども政治部記者が関与することはない。政治部記者が行幸啓に同行したのはこのときのみだ。天皇訪中がいかに「政治案件」であったかということだろう。

北京市民のインタビューは不可

秋晴れの空の下、特別機は午前十時半に離陸。しばらくすると富士山が見えてきた。特別機は富士山の真上を飛び、火口がきれいに見下ろせた。聞いたところ、ふだん航空機がこのようなコースを飛ぶことはなく、特別の配慮だという。

この日は気流のせいで特別機はかなり揺れる。現地時間の午後一時四十分に北京首都国際空港に着陸した。飛行時間は約四時間。天皇の外国訪問では史上最短だ。これより近い外国は韓国しかない。北京上空は晴れ渡っていたが、やはり風が強く、着陸前に相当揺れてヒヤリとした。

北京首都国際空港はいまでこそアジア最大級の空港だが、当時は現在のような巨大ターミナルもなく、日本の地方空港に降り立ったという印象だった。中国の改革開放政策は第一弾ロケットの時期で、豊かさを反映した主要インフラが整うのはまだ先のことだった。

強い風が吹くなか、両陛下は日の丸の小旗を振って出迎えた日本人学校の子どもたちに声をかける。中国政府の出迎えは首席接伴員の宋健氏。副総理級の国務委員だ。通常の国賓では大臣クラスが務めるところで、今回は破格の扱いだという。宋氏は旧ソ連で博士号を取得した科学者で、中国側は天皇陛下が魚類研究の科学者であることへの配慮だとしていた。

到着の日はいきなりクライマックスだった。夕刻から人民大会堂東門外広場での歓迎式典、天皇と楊尚昆国家主席との会見、同主席主催の歓迎晩餐会が開かれる。晩餐会では今回の訪問の最大の焦点である天皇のお言葉がある。

両陛下は空港から中国政府が用意したＶＩＰ専用車「紅旗」で宿舎の釣魚台国賓館へ向かう。記者も報道バスで追うが、国賓館までは追従できず、歓迎式典の人民大会堂東門外広場へ向かった。式典は午後四時からだったが、一時間以上前に着いた記憶がある。

人民大会堂の前はあの天安門広場だ。三年前、流血の惨事があったとは想像できないほど穏やかな、清々しい空気に満ちていた。PM2・5混じりのスモッグなどない時代だ。北京秋天の青空のもと、私たち記者は式典までの間、広場を歩くことを許されていた。ただ、中国政府の「記者接伴員」がぴたりと寄り添っていた。

日本から同行した政治部の編集委員と北京支局長とともに広場をぶらぶら歩いていると、接伴員が流ちょうな日本語で話しかけてきた。知的な感じのする初老の男性だ。彼は支局長の名を知っているらしく、「○○さんの記事はよく読んでいますよ。なかなか面白いですねえ」という。

「あなたたちのことは調べつくしていますよ。だから、おかしな取材をしたり、こちらに都合の悪い記事を書いたりしなさんなよ、という暗示なのだろうか」と身構えた。よく見ると、広場の端々に公安の警察官の姿があった。

訪中前に外務省のブリーフィングで念を押されていたことがあった。北京ほか訪問先の都市の街頭での一般市民のインタビューは不可ということだ。中国政府からの要請だという。

ふいに市民の声を拾い上げれば、過去の戦争への思いが吹き出す可能性がある。中国政府として、天皇の訪問を歓迎一色の大成功に終わらせることが最優先だった。ある意味、国民の心情を抑えつけていたといえる。このころはそれができた。

そのため、私たち同行記者は中国政府が動員した「官制市民」ではない、ごくふつうの市民の声を聞く機会がなかった。天皇、皇后の車列が行く沿道は多くの市民が繰り出し、歓迎一色のようであったが、よく見ると、そのなかに能面のように無表情な人々がいたことが記憶に残っている。

寒さで震えた歓迎式典

午後四時過ぎ、両陛下の車列が人民大会堂前に到着した。両陛下の車には日中両国の国旗がはためく。両陛下は出迎えた楊尚昆国家主席と握手。主席が通訳を介して「ようこそいらっしゃいました。ここでお迎えできたことをたいへん喜んでおります」と伝えた。楊主席は皇后さまと同じくらいの背丈か少し低いという印象。中国共産党の歴史的な「長征」にも参加し、人民解放軍に強い影響力をもつ大物軍人だが、「鄧小平もそうだが、中国の指導者は小柄だなあ」と思った。

天皇陛下は紺、皇后さまは白のコート姿。楊主席もコートを着ていた。気温は十度。風が吹きつけるので体感ではさらに二、三度低い。私は日本の十月下旬の感覚でコートなしのまま取材現場に出てきてしまったので、ブルブル震えながら見ていた。

中国の少年少女が両陛下に花束を渡す。そのあと選手宣誓をするときのように手をあげた。「何かの合図なのかな?」と思ったが、その意味はわからなかった。

中国の政府要人と日本側の随員の紹介が行われる。中国側は銭其琛外相など。現在は中国政府の要人というと、日本の要人と会う際はことさら仏頂面を装っているイメージがあるが、このときは皆満面の笑みだった。

歓迎式典が始まり、天皇陛下と楊主席が観閲台へ。日中両国の国家が演奏され、最高の歓迎を表す礼砲二十一発が響き渡る。このあと、儀仗隊の巡閲。儀仗隊は陸海空の三軍で編成されており、それぞれカーキ、青、白の制服で、皆体格がいい。儀仗隊は「見せる軍」であるため、どの国でも偉丈夫が選りすぐられている。

約十三分間の式典が終わり、両陛下は人民大会堂のなかへ。楊主席との会見が行われた。この席で両陛下から楊主席に平山郁夫画伯の絵画「法隆寺の朝」と両陛下の写真が贈られた。外国訪問の際に相手国と贈り物の交換をするのは慣例で、李鵬首相、江沢民中国共産党総書記には七宝花瓶などが贈られている。

両陛下と楊主席の会見は冒頭撮影のみで取材不可だったので、私たち記者はいったん日本のプレス用ホテルの北京新世紀飯店に向かう。

通常、外国訪問先のホテルにはプレスのワーキングルームが設けられるが、このときはホテルの宴会場をすべて使った巨大な空間が用意されていた。なにしろ二百人近い記者が取材にあたるのだから当然だ。

ワーキンググルームに荷物を置いて、割り当てられたデスクで日本から持ってきたパソコンのコードをコンセントにつないだ瞬間、バチンという音とともに小さな火花が散った。いやな予感がした。パソコンを起動しようとしてもまったく動かない。

中国と日本の電圧の違いを失念して、変圧器を使わずにそのままコンセントに差し込んだためショートしてしまったのだ。パソコンには予定稿を仕込んでおいたのだが、すべてパーになってしまった。以後、中国から送るすべての記事は原稿用紙に手書きというはめになってしまう。

落胆しているいとまもなく、歓迎晩餐会の取材のため再び人民大会堂へ向かった。私は記者会の代表取材（四人程度）の一人にあたっていた。

楊主席主催の歓迎晩餐会は午後六時半から大会堂の西大庁という部屋で行われる予定だった。長方形の会場（たて約七十メートル、よこ約三十メートル）正面に鶴が描かれた衝立があり、向かって左に日の丸、右に中国国旗の五星紅旗が立てられていた。会場には十二の円卓があり、約百十人の出席者が集っていた。両陛下と国家主席が座るメーンテーブルがもっとも大きく、十八人掛け。私たち記者の取材位置は会場の入り口近くの壁際。間もなく天皇陛下の歴史的なスピーチが行われると思うと、武者震いならぬ〝記者震い〟がする。

日中で唱和した「不幸な一時期」

六時四十五分、楊主席とともに両陛下が入場すると、出席者全員が起立して拍手で迎える。歓迎の曲が演奏され、拍手は手拍子に変わる。天皇陛下は通常のスーツ。ネクタイは水玉模様。ブラックタイが通例の晩餐会ではめずらしい。皇后さまは淡い青と薄いクリーム色にツタ模様の和服。

両国の国歌演奏のあと、楊主席のスピーチが始まる。通常、晩餐会のスピーチは席上で行われるのだが、このときは会場正面に演台がしつらえられていた。

楊主席は天皇、皇后両陛下の訪問は二千年以上の日中関係史で大きな出来事であり、熱烈に歓迎すると述べたあと、過去の戦争について言及した。

「遺憾なことに、近代の歴史において、中日関係に不幸な一時期があったため、中国国民は大きな災難を被りました。前のことを忘れず、後の戒めとし、歴史の教訓を銘記することは両国国民の根本的利益に合致することであります」

「不幸な一時期」は全斗煥韓国大統領来日時の昭和天皇のお言葉と同様の婉曲ないい回しだ。天皇を前にして、日本の過去の戦争を弾劾し、謝罪を求めるようなスピーチは行うはずもないことは予想されていたが、中国側の配慮を感じた。

五分ほどのスピーチの間、皇后さまが後ろを振り返る姿勢でずっと楊主席を見つめ続けていた姿が印象的だった。乾杯のあと、いよいよ天皇陛下のお言葉に移る。今回の訪中で最大の注目場面であり、日中関係史でも長く語り継がれるであろう瞬間である。

陛下は席を立ち、拍手のなか演台の前へ移動してペーパーを読み上げた。遣隋使、遣唐使の時代の日中の交流に触れ、日本は長年にわたって中国文化に深い敬意と親近感を持ち続けていたこと、陛下自身も年少のころに三国志に興味を持っていたことを述べた。そして、過去の戦争について、次のように語った。

「しかし、この両国の関係の永きにわたる歴史において、わが国が中国国民に対し多大の苦難を与えた不幸な一時期がありました。これは私の深く悲しみとするところであります。戦争が終わった時、わが国民は、このような戦争を再び繰り返してはならないとの深い反省にたち、平和国家としての道を歩むことを固く決意して、国の再建に取り組みました」

楊主席のスピーチと唱和して、「不幸な一時期」で過去の戦争を漠然とまとめた。日中双方のすり合わせによるものだろう、とこのとき思った。日本の保守勢力の反発に配慮して、中国が譲った面が大きい。当時の国際的孤立から抜け出すために日本にすがる（または利用する）中国の立場を反映している。

ただ、陛下のお言葉はこの「不幸な一時期」が「わが国が中国国民に対し多大の苦難を与えた」ものであると、はっきりと加害を認めた。ここは踏み込んだところだった。

私はお言葉のなかで「深い反省」という部分に注目した。即位後の様々な陛下のお言葉で、過去の戦争に対して、この表現が使われたのは初めてだった。日本が軍国主義と決別して平和国家として歩み続ける決意を強調する言葉でもある。

後日、当時の宮内庁幹部に聞いた話では、お言葉作成にあたっては、一九七二年の国交正常化における日中共同声明の「日本側は、過去において日本国が戦争を通じて中国国民に重大な損害を与えたことについての責任を痛感し、深く反省する」という文言もベースになっていたという。ただし、お言葉の内容について、中国側の干渉はいっさいなかったとこの幹部は話していた。

「深い反省」は二年後の一九九四年三月に来日した金泳三韓国大統領を迎えての宮中晩餐でも、天皇陛下のお言葉に使われた。九〇年代前半以降、毎年八月十五日の全国戦没者追悼式での首相式辞でも「深い反省」の言葉が使われるようになり、二〇一三年の追悼式で安倍晋三首相が式辞から削除するまで、歴代首相が言及し続けた。

一方、天皇陛下は戦後七十年の二〇一五年の戦没者追悼式から、お言葉に「深い反省」を盛り込み続けている。このフレーズの原点は中国でのお言葉にあった。

過去の戦争に対して深く反省するという言葉は、平和国家日本の真摯な姿勢を表明することであり、見識でもある。しかし、現在では反省という言葉を使うだけで「国辱」と受け取る人が増えている。九〇年代前半と比べると、日本人は謙虚さを失い、狭量になっていると感じるのは私だけだろうか。

記者人生で極限の忙しい夜

陛下のスピーチは約八分半に及んだ。中国側の各要人は翻訳されたペーパーを食い入るように見入っていた。再び全員が起立して乾杯、軍楽隊の演奏、食事が始まった。見学できるのはここまでで、私を含む代表取材の記者はすぐにホテルのワーキングルームに引き返した。

お言葉のペーパーは全社に配られているので、晩餐会場内の雰囲気など雑感情報を各社の記者に説明したあと、自分の仕事に取りかかった。ここからが大変だった。わが記者人生のなかでも極限といえる忙しい夜が始まった。

なにしろパソコンのなかの予定稿はすべてお釈迦になってしまったので、原稿用紙に一から記事を書き直した。同行している政治部編集委員はお言葉の政治的背景、北京支局長は今後の日中関係の展望などの解説記事を書いて終わり。この日に起きた出来事すべては私一人で書かなければならなかった。

1面に横一段の大見出しで晩餐会でのお言葉本記記事。社会面ではほぼ全面を埋め尽くし、歓迎式典と両陛下、楊主席との会見、晩餐会の雑観記事などを書きまくった。午後九時過ぎには宮内庁式部官長と侍従のブリーフィングがあるので、それも聞かなければならない。

日本との時差は一時間遅れなので、新聞の最終版の締め切りの午前一時半はこちらの午前零時半。なんとか紙面の形を整えて一息ついたが、そこで終わりではなく、翌日の取材の準備と予定稿づくりをしなければならない。ヘトヘトの状態でわれに返ったときは午前二時半だった。

北京での歓迎晩餐会のメニューと記者証

初めて腹がへっていることに気づく。こっちは晩餐抜きだった。助かったのはワーキンググルームに大量に備蓄されていたカップ麺だ。「外でメシも食えないほど忙しくなるだろう」と予想して、記者会で発注しておいたものだ。大使館職員の奥さんたちが差し入れてくれた握り飯やバナナなどもありがたかった。中国滞在中、これらがずっと〝ディナー〟になるとは思っていなかった。

万里の長城訪問に難色

翌二十四日は万里の長城訪問。これも注目イベントなので気合いを入れなければならない。中国の名所旧跡では「鉄板」といえる場所だが、天皇陛下は当初、訪問に難色を示していたという。日本側との事前の折衝で、中国側は「ぜひ訪問していただきたいところ」として北京郊外の万里の長城と西安の兵馬俑《へいばよう》博物館をあげていた。これを陛下に伝えたところ、「観光地ではなく、文化的な施設を訪ねたい」という意向だった。

いかにも陛下らしいが、お薦めの訪問先を断られては中国側も立つ瀬がない。「二件のうち、せめて一件でも」ということで、万里の長城の訪問が決まった。西安では兵馬俑は取りやめ、歴史博物館などを視察することになった。万里の長城訪問についても、陛下は「世界的な観光地だから、くれぐれも一般の観光客を閉め出したりしないように」という条件をつけたという。

両陛下は長城のなかでも観光地として有名な八達嶺に午前十時半に到着予定で、記者は追従ではなく先行して待ち受けることになっていた。報道バスがホテルを出発するのが午前七時半ごろ。前夜からほとんど寝ていないに等しい。

北京市街から八達嶺までは約七十五キロ。意外に早く、一時間半以内で着く。途中の道路は全面交通規制が敷かれていたが、八達嶺までの道の両サイドに人民解放軍の兵士が約五十メートル間隔で延々と並んで警備にあたっていた。

「さすがに中国の人海戦術はケタが違う」と感心した。

八達嶺は風が強く猛烈に寒かった。前日を反省してコートで重装備してきたのだが、やはりブルブル震えながら両陛下の到着を待った。御着場所付近には一般人に見える中国人約二百人が記者と同様に待機していた。「観光客かな?」と思ったが、他社の記者が「中国政府が動員したサクラだよ」と話していた。近くにケンタッキーフライドチキンの店があり、「へえ」と思う。

十時半少し前に両陛下到着。陛下は黒のコート。皇后さまはピンクのジャケットで、「寒くないかな」という軽装だった。両陛下はなだらかな女坂（急な方が男坂）から城壁の上に登る。そのあとを随員、報道陣などがぞろぞろとついて歩く。中国政府関係者も加わっているから、一大軍団である。城壁沿いに観光客がいたが、おとなしく見守っている。これも動員された人々だろう。

両陛下を案内するのは陳希同北京市長。天安門事件で武力弾圧を推進した一人だ。一緒に同行取材していた北京支局長が『陳希同報告』といわれる民主派知識人の名指し批判を行い、片っぱしから弾圧していったんだ」と教えてくれた。陳氏はこの年に政治局委員まで登り詰めるのだが、三年後に汚職問題を追及されて失脚する。

天皇陛下が「この長城はいつごろ造られたのですか」と聞くと、陳市長が「明代のころですが、いざというときは役に立ちませんでした」と答えていた。雄大な長城の風景に陛下は「やはり来てみないとわからないものですね」、皇后さまは「来てみてわかりました」と感想を述べていた。

私も長城の威容には感動したのだが、寒風がビュービュー吹きつけて、とにかく寒い。同行していた記者の一人が皇后さまに「お寒くないですか」と話しかけた。

「大丈夫です。皆さんも気をつけて」

皇后さまはニコニコしながら答えてくれた。宮内庁と記者会との取り決めでは、記者会見や懇談のような場以外では両陛下への声かけはしないことになっている。われもわれもとそれをやり始めると現場が大混乱になるからだ。明らかなルール違反だったが、このときは宮内庁幹部も気持ちが高揚していたせいか、とくにクレームはなかった。長城の視察は四十分ほど。坂を下る際は両陛下がしっかりと手を握り合っていたのが印象的だった。

両陛下に追従している間、山本悟侍従長が隣を歩いていたので「前夜の晩餐会の料理の味はいかがでしたか？」と聞いてみた。山本さんは「本場の中華はけっこう淡泊だね。日本で食べるものほど脂っこくなくておいしかった」と話してくれた。

帰国したあと、訪中の間の出来事をまとめた特集面を書かされることになり、その記事のなかでこの発言を引用した。それを読んだ山本さんに「コラッ！　あんな雑談書くなよ」と怒られた。

歴史問題の「一発解決」は幻想

視察を終えた両陛下を見送ったあと、私たち記者も報道バスで北京市街に戻ったのだが、車中で前夜同様の〝戦乱状態〟となる。昼のテレビニュースで両陛下の長城視察の模様を見た東京のデスクが「いい場面だから、1面に出している本記に加えて社会面にも雑感記事を出してくれ。アタマ（トップ記事）でやるから」と、当時中国で普及間もない携帯電話に通告してきた。夕刊の最終版締め切りまで十五分ほどの時刻だった。

仕方なく、破れかぶれの勧進帳（原稿を頭のなかで考え、電話でふき込む）で、約四十行の原稿を送りきった。あとで紙面を見ると、けっこうさまになっている。前日にパソコンのブラックアウト、予定稿消失というトラブルに遭いながら、手書きの大量出稿で乗り切ったことが自信になっていたようだ。

同日午後は天皇陛下が中国科学院視察、皇后さまは北京市立北海幼稚園を訪問した。行幸啓で両陛下が二手に分かれるのはめずらしい。私は皇后さまの代表取材にあたっていた。「赤とんぼ」を歌った園児たちに皇后さまは「歌も踊りもたいへん上手ですね」とほほ笑みかける。バスごっこをする子らに「バスに乗せてくださいな」と近寄る。相変わらず子どもへの対応がうまい。

このほほ笑ましい触れ合いを見て、私は「日中の様々なわだかまりも、今回の両陛下の訪問で解消されたのではないか。ここで目にしているのは歴史の大きな区切りであり、両国はこれから新時代に入るだろう」と思った。いま思うと、若さゆえのナイーブな期待であった。

あとで知ったのだが、この日、ある新聞では「一般市民の取材不可」を約束させられていた同行記者と違い、しばりがない北京駐在の記者が市民に天皇陛下のお言葉に対する感想を聞いて回っていた。

記事によると、おもな意見は「謝罪の気持ちはわかる」「民間賠償や従軍慰安婦の問題に触れていない」「謝罪とは受け取れない」「昭和天皇の時代に謝罪すべきだった」「天安門ですみませんと頭を下げれば中国人の気はすむ」「中国人の負った傷は深く、これで癒やせるものではない」などだった。

これらを読めば、天皇訪中で歴史問題の一発解決など幻想だとわかる。

香港で見えた人民の感情

翌二十五日午前は故宮博物院の視察だった。清代は紫禁城といわれた宮殿だ。現存する帝王の宮殿としては世界最大の建物。皇居の宮殿の前には一般参賀の人々が集まる東庭という広場があるが、紫禁城の石畳の広場はその何倍あるか見当もつかない。一九八七年に公開された映画『ラストエンペラー』でその豪壮な建物群の映像を見ていたが、実物は映画以上の迫力だった。

この日、天皇陛下はグレーのスーツ、皇后さまは和服姿。防寒用のベージュの道中着が清楚で美しい。太和門をくぐり、中国最大の木造建築の太和殿へ。広い紫禁城内は見たところ日中の関係者で貸し切り状態だった。観光客の姿もちらほら見えるが、やはり中国政府によって「選別」された人たちらしい。

私たちは例によって両陛下のあとをゾロゾロついていくのだが、そのなかに首席随員の渡辺美智雄外相の姿があった。そのうしろに同外相によく似た中年男性が歩いている。「ありゃだれだ？　ミッチーにそっくりだな」「息子だよ。オヤジの秘書としてついてきたんだ」と記者の間でささやきあっていた。のちに国会議員となり、みんなの党の代表などを務めた渡辺喜美氏だ。当時は無名だった。

太和殿で天皇陛下は中国人の親子四人に声をかけた。陛下が男の子に「何年生ですか、歴史に興味はありますか」と聞くと、「小学四年生です。日本の天皇陛下を歓迎します」という〝模範解答〟が返ってきた。

両陛下が希望していた一般市民との自然な交流はなかなか難しい。もし、ぶっつけで市民のなかに入って、相手から戦争への恨みつらみや天皇への罵倒などが返ってきたら、反対意見を抑え、ガラス細工を造るように神経を使って策定した天皇訪中計画が台無しである。

午後は中国大飯店で橋本恕中国大使主催のレセプションがあり、ここで天皇陛下は満州皇帝溥儀の弟の愛新覚羅溥傑氏と対面した。当時八十五歳だった。陛下は「お元気でいらっしゃいましたか」と声をかけた。

同氏はこの年の六月に来日し、陛下と会っていた。歴史的かつ政治的にも微妙な対面だったが、当時の新聞各紙はあまり大きな扱いをしていない。私はおそらく代表取材に入っていなかったためか、この場面はまったく記憶にない。晩餐会のお言葉や万里の長城、故宮博物院視察とビッグな行事が相次いでいたため、この歴史に残る邂逅が視野に入っていなかったといえる。

この日の出来事を伝えた翌日の朝刊社会面の片隅には、香港で天皇訪中に抗議し、「日本政府の謝罪と賠償を強く求める」市民約二千人のデモがあったというベタ記事が載った。天皇陛下のお言葉翌日の二十四日夕、両陛下は李鵬首相、江沢民中国共産党総書記と会ったのだが、江総書記はお言葉に理解を示し、李首相は言及を避けた。人民日報も論評をせず、腫れ物に触るような気づかいを感じさせた。香港が中国に返還されるのは五年後。統制の利かない地に「人民」の感情の一端が垣間見えた。

「平成」の語源の石碑

両陛下は二十五日夕に北京を発ち、唐の時代に長安と呼ばれていた内陸の古都・西安に入った。政治の都・北京を離れ、ここからは中国の歴史と文化に触れるほんとうの意味での触れ合いの旅となる。私たち記者もいくぶんほっとした気持ちになった。

ただ、日本では中国での両陛下の動静は連日大きなニュースになっており、朝から深夜まで取材と原稿執筆に追われる日は続くことになる。本場の中華料理を楽しめる時間はなく、露命をつないでいたのはカップ麺だった。

二十六日は仏教史跡「大雁塔」の視察。三蔵法師玄奘がインドから持ち帰った仏典を安置するために唐代に建てられた七層の塔で、高さは約六十五メートル。両陛下の到着前に記者たちは事前の見学を許された。五層目あたりまで階段で昇ってみたが、けっこうきつい。

午前十時前に両陛下到着。塔周辺に多くの市民（たぶん当局によって選別された人たち）が拍手で出迎えた。ＢＭＷなどの高級車が走り、人々の服装もあか抜けていた北京と違い、人民服姿の人がちらほら。改革開放の恩恵は内陸部までは及んでいなかった。

両陛下は腕を組んで二層まで昇り、西安の街並みをながめた。晴れ渡っていた北京と違い、あいにくの曇り空。塔の南側に唐の皇帝が遊んだ湖「曲江池」があったのだが、霧のためよく見えなかったらしい。

十一時から陝西省博物館（碑林）へ。漢代から清代までの石碑千点が常設展示されており、顔真卿など名書家の書が石に彫られている。

ここでの注目は平成の語源となった尚書の一節「地平天成」が刻まれた唐代の石碑「開成石柱」。両陛下は石碑の小さな文字のなかの地平天成の四文字に顔を近づけて熱心に見ていた。

夕刊用に原稿を送ったのだが、あとで最終版を確認したら、平成の語源云々のくだりがまるっきり削られていた。「目玉の部分を削ってどうするんだよ」と大いに憤慨した。取材と紙面制作が同時進行の夕刊ではこのような手違いがよくある。

午後は在留邦人代表との懇談、陝西歴史博物館、西大門の視察。夜は陝西省長主催の歓迎晩餐会と中国の歌曲などを鑑賞する文芸の夕べ。この間、午後一時、五時、九時と式部職、侍従職のレクが三回入る。取材、原稿執筆、送稿と目の回るような忙しさが続く。主食は相変わらずカップ麺だ。

古代城壁の西大門は、かつてのシルクロードの方角を眺めながら歴史に思いをはせることができる絶好の観光ポイントなのだが、忙しすぎたせいだろう、せっかくの絶景がほとんど記憶に残っていない。城壁の上でカラフルな衣装を着た地元の小学生らが手に花を持って「熱烈歓迎」と出迎えていた姿だけがかすかにまぶたの裏に残っている。

翌二十七日午前十時半、両陛下を乗せた特別機は西安咸陽空港から最後の訪問地、上海へ飛び立った。

忙しくはあったが、これまでの取材は予想以上に順調だった。政治的に今回の天皇訪中を何としても成功に終わらせなければならない中国当局の統制が利いていたせいもある。

しかし、所々で日本の記者、カメラマンが私服の公安に小突かれるトラブルはあった。西安を発つ日の朝刊で、ある新聞の記者がこのことを取り上げ、「皇室取材は整然と紳士的にやるものと相場が決まっているので、沈着冷静で通る記者も面食らってしまう」と書いていた。

「自分で沈着冷静というかね」と笑いながら読んでいた。

西安から上海までの飛行は二時間弱。両陛下は虹橋国際空港から宿泊先である迎賓館の西郊賓館に入る。記者は追従できない。午後二時前から上海交通大学の訪問があり、私たち記者は先乗りする。同大学は江沢民総書記の母校。ここでは両陛下と学生の懇談があり、次のような会話があった。

学生「両陛下はテニスコートで結ばれたと聞きますが、どちらが上手ですか？」

天皇陛下「男子と女子ではレベルが違いますが、レベルでは美智子の方が上です」

これを聞いて、集まった四十人ほどの学生からどっと歓声が上がる。

と、当時の私は記事を書いているのだが、同大学での出来事をほとんど覚えていない。連日朝から深夜までの取材と原稿執筆による寝不足でもうろうとしていたせいだろうか。上海に着いたとき「今夜こそ中華料理を食べてビールを飲みたい！」と思っていたことは記憶している。

長身の美人SP

交通大学での風景として、かすかに記憶に残っているのは、両陛下にぴったりと寄り添っていた中国の女性SPの姿だ。北京からずっと任務にあたっていた。長身でかなりの美人だった。

「きれいな人だけれど、あれはだれ?」

と記者うちで話し合っていた。その容姿と自然な振る舞いは警察官に見えなかったが、体格の良さでSPであろうとは思っていた。かなりあとで知ったのだが、中国保安局から派遣された馬躍という人で、射撃の名手だという。馬さんら両陛下の警護にあたった中国人SPは翌年日本に招待され、東京、京都、大阪を観光したらしい。

両陛下は午後三時過ぎから上海の学者、文化人との懇談、午後七時から上海市長主催の歓迎晩餐会と休む間がない。晩餐会の三十分ほど前、宿舎の西郊賓館で両陛下と同行の宮内記者会との懇談があった。

立ったままでの懇談という形式のため、その場でメモをとることはしないが、内容はオープンなので準記者会見ともいえる。質問は当然、北京の晩餐会でのお言葉に集中した。天皇陛下は、「中国の人々に対する気持ちを率直に述べました」と語った。

訪問前に中国で多くの人と交流したいと述べていたことは実現したか、という問いに対しては、

「そのことを常に念頭に置き、努めてきたつもりですが、どのようなときでも十分ということはありません。人の心と心は誠意をもって接すれば、国境を越えて通じるものと考えています」

との返答だった。皇后さまは、

「各地で受けた子どもたちのかわいい歓迎と日中の関係を長く心にかけて来た人々との出会いが心に残りました」

と話していた。

上海市長主催の晩餐会後、午後八時半ごろから両陛下は上海最大の繁華街「南京路」などを車で視察する予定だった。しかし、今夜を逃せば中国で中華料理を食べる機会はない。このとき、連日の取材での疲労とカップ麺三昧による欲求不満で私の顔は相当ゆがんでいたのだろう。見かねたのか、北京支局長らが「よし、井上君、もう取材を切り上げてもいいだろう。きょうこそ中華を食わせてやる。外に出よう」と誘ってくれた。

晩餐会の冒頭取材を終えて、私たちは上海の街に出た。中国で初めての中華料理にありついたのだが、やはり何を食べたか覚えていない。

沿道の大歓迎は市民隔離の結果?

私たちが中華料理を食べているころ、両陛下は南京路を中国政府差し回しの御料車「紅旗」でゆっくりと進みながら、沿道に集まった約二十万人ともいわれる市民に手を振っていた。当時は上海市民の大歓迎を受けたと報じられたが、このとき同行していた宮内庁幹部は二十数年後、次のように語っていた。

「ウラがとれているわけではないが、上海の沿道の住民を皆入れ替えたという話も聞いていた。大丈夫だという人間だけを残して、あとは遠く離れた場所に隔離していたと。やり方はどうかとは思うが、そうやって中国側は歓迎の姿勢を見せたということかな」

中華を食べ終え、私たちはスナックのような店に行って、カラオケを歌った。日本の演歌しか選べる曲がなく、客と店の女性がチークダンスをしていたのだが、これも演歌に合わせて踊っていた。なんとなく滑稽だった。

酔っ払った支局長らが「もう一軒行くか!」という。調子に乗って従業員の女性にも「君らも行かないか?」と声をかけていた。しかし、彼女は「ダメです。天皇、皇后両陛下の警備で街は公安の警察官だらけ。日本人と一緒に歩いていたら売春と思われて逮捕されるかもしれない」なんていう。酔いがいっきに冷めた。

中国滞在の最終日の二十八日、両陛下は上海市郊外の周浦郷という農村を視察した。村に向かう途中、南浦大橋というつり橋を見学する。中国最大のつり橋で、改革開放政策の象徴的な建造物らしい。しかし、火事場のように忙しかった訪中取材もこの日が最後で気が緩んでいたためか、これらの取材現場の記憶はすっぽりと抜け落ちている。

午後二時前（日本時間午後三時前）、両陛下と私たち同行記者を乗せた特別機は虹橋国際空港を離陸、六日間の中国の旅を終えて帰国の途についた。東京までの飛行時間は二時間余り。まさに一衣帯水の距離だ。

東京に近づいたころ、夕焼け空に富士山がくっきりと浮かんでいた。午後五時十九分、羽田空港に着陸。機内では期せずして拍手がわき起こった。

天皇訪中の歴史的評価

天皇訪中は大成功に終わった。中国側が威信をかけて成功に導いたともいえる。日本の各メディアの評価も「訪中は歴史の区切りとなり、日中は新時代へと向かう」というものが多かった。

私もそのように思っていたが、古いスクラップで当時書いた総括記事を読むと、意外に冷めた見方をしていた。

「天皇訪中は中日関係、中国の経済発展には有利だが、戦争が残した問題はこのことで消え去るものではない」という中国人留学生の意見を紹介した上で、「『日中友好新時代へ』といわれた両陛下の旅だが、もともと天皇の『お言葉』ひとつで過去がすべて清算されるなどというのは無理な話だ」と結んでいる。天皇訪中が中国国民の感情を置き去りにして、政治的思惑で強引に「成功」へと導かれたのは確かだった。

はたして九〇年代後半以降、日中関係は歴史問題や尖閣諸島の領有などをめぐって負のスパイラルへ入っていく。「結局、天皇訪中の成果はほとんどなかったのではないか」という意見もある。

二十五年後の二〇一七年十月、私は新聞の連載のため天皇訪中の歴史的評価について様々な識者に話を聞いた。

かつて中国特派員を務めた元朝日新聞主筆で現在はシンクタンク「アジア・パシフィック・イニシアティブ」理事長の船橋洋一氏は「いわゆる天皇外交カード幻想はあれで終わった」と天皇を外交に利用する危うさを指摘した。

ただし「天皇訪中を歴史の区切りにしたいという思いが政府にはあって、国民も世論調査で七割が支持していた。その後の日中関係を見て全否定すべきではない。試みや方向性など、そこに込められた思いは尊いものがある」という。

東京大学名誉教授の御厨貴氏は「天皇が中国に行くということは、名実ともに日本は中国と生きていくという宣言だった。平成が三十年経過して、天皇の様々な事績を振り返ると、訪中は画期的だった。『不幸な時代があった』と表明したことは、長い目で見れば歴史的なメッセージになった」と評価する。

ある現役の外務省幹部は「当時、日本は欧米とは違う独自の外交を模索していた。国際的に孤立していた中国に手を差し伸べ、歴史問題に区切りをつけ、友好関係を築こうとした。ナイーブだったかもしれないが、この意義は現在の中国指導部も認識している。天皇が初めて中国を訪問したことは、外交上の大きな足跡として残っている。その後の日中関係は構造的に悪化する運命にあった。天皇訪中は無駄ではなく、成果があった」と言い切る。

北京を発つ前、楊尚昆国家主席とのお別れの会見で天皇陛下は「今後の友好関係は国民一人ひとりがあたっていくでしょう」と述べた。そのとおりであり、天皇訪中を両国関係史の大きな成果とするか、無に終わらせるかは、平和と友好を礎に今後も続けられていく日中両国国民の営為にかかっているといえよう。

沖縄にわだかまる「昭和天皇メッセージ」

中国訪問から半年後の一九九三（平成五）年四月二十三〜二十六日の四日間、天皇、皇后両陛下は全国植樹祭式典出席のため沖縄県を訪問した。天皇が同県を訪問するのは史上初めて。先の戦争で本土防衛の捨て石となり、約二十万人が犠牲になった沖縄は、国内の「のどに刺さったトゲ」であった。

天皇の訪問は沖縄の人々の心にあるわだかまりを解きほぐし、「沖縄の戦後」にひと区切りをつける和解の旅とみなされていた。いまでこそ天皇、皇后両陛下の沖縄への思いは国民に広く理解されているが、当時、天皇の沖縄訪問に対する目は非常に厳しいものがあった。

宮内庁は一カ月前の三月二十五日に両陛下の沖縄県訪問を正式に発表したが、その翌日の日経新聞は沖縄県民の反応として、「できれば来てほしくない。天皇がいまさら沖縄に来て謝罪の言葉を言ったとしても、私たちの苦しみは償えない」（教え子を多数戦場に送り出した七十九歳の元教師の女性）という声を載せている。

当時はまだ戦後四十八年であり、沖縄戦を経験し、家族を失った人が多数存命だった。天皇、皇后両陛下は皇太子夫妻時代に五回沖縄を訪問し、そのたびに戦没者の慰霊を行っていたが、大きく報道されることが少なかった。そして天皇という立場になれば、どうしても昭和天皇の残像と二重写しとなる。昭和天皇に対する沖縄県民の複雑な思いの相当部分が、現天皇に向けられていた。

訪問前、天皇と沖縄について様々な報道がなされたが、大部分は昭和天皇と戦争に関するものだった。そこでクローズアップされたのが「天皇の沖縄メッセージ」だった。これは戦後の占領期の一九四七年に昭和天皇が御用掛の寺崎英成に託してアメリカ側に伝えたメッセージとされ、アメリカが沖縄と琉球諸島の軍事占領を継続することを天皇が望んでいるという内容だ。

共産主義を安全保障上の脅威と見ていた天皇が占領終了後に米軍が撤退することに不安を感じ、沖縄で日本の主権を残しつつ長期貸与の形でアメリカの軍事占領を続けることを提案していた。沖縄の米軍基地固定化を容認したものとされ、一九七九年にこのメッセージの存在が明らかになって以来、厳しい批判にさらされ、沖縄では昭和天皇への感情が硬化した。

実現しかけた昭和天皇の沖縄訪問

私は中国訪問前と同様、富田朝彦元宮内庁長官を何度か訪ねて、昭和天皇の沖縄への思いを聞いた。

「昭和天皇は戦時中、沖縄戦に関する報告書をよくお読みになっていたようだ。戦後も関連書物を読んでいたようだが、晩年はどうだったか」と富田氏は話していた。沖縄メッセージについての意見は次のようなものだった。

「寺崎氏は昭和天皇の発言を表面的に受け取ったのだと思う。天皇は思いを相手にわかりやすく話す方ではなく、独特のそっけない言い方で伝えることがある。当時の状況を考えれば、あのようなメッセージは仕方のないことだったかもしれない」

元側近の話なので、ある程度割り引いて受け取らねばならないが、富田氏は昭和天皇が沖縄に対して強い贖罪意識を持っていたという。

「昭和天皇は『沖縄県民はたいへんな苦難を味わった。本当に申し訳なく思っている。本土と同様に経済発展をとげてくれればいいが』とおっしゃっていた。中国と同様、沖縄にはぜひ行かねばならないと考えていた。昭和五十年代の半ばごろだったか、桃華楽堂《とうかがくどう》（皇居・東御苑にある音楽堂）で沖縄の踊りが披露されたことがあって、そのときも『なんとか行きたいものだ』と話されていた」

富田氏は「一九八三年に昭和天皇の沖縄訪問が実現しかけたことがある」と話してくれた。浦添市に国際協力事業団の沖縄国際センターが建設されることになった。東南アジアで経済・社会開発を担う人材育成が目的で、「そのような趣旨の施設なら天皇が訪問する名目がたつ」と、同年十月の起工式への出席が検討された。しかし、当初の予算が削られて施設の規模が小さくなり、天皇が出かけるにはふさわしくないということで立ち消えになったという。

一九八七年の沖縄国体が次のチャンスだったが、病のため皇太子（現在の天皇陛下）が名代として訪問した。昭和天皇の思いを受けての訪問、といわれているが「感傷的な言ではなかった。もともと感傷的なことはいわれない人だ」と富田氏は話していた。

天皇の沖縄訪問に対しては中国訪問と同様に反対運動が起きた。左右両勢力から反対の声が上がった訪中と違い、左翼勢力が反対の主流だった。過激派は「天皇の沖縄訪問は戦争責任をうやむやにして沖縄の戦後に決着をつけるもの」として、訪問阻止闘争を展開した。

各地で反対集会などが開かれたが、訪問まで三週間を切った四月五日、宮内庁の角谷清式部官長の自宅に爆弾が仕掛けられる事件が起きた。爆発はブロック塀の一部を壊す程度でけが人はなかったが、現役の宮内庁幹部に対するテロ行為に同庁はじめ警備当局に衝撃が走った。

過激派が大挙して沖縄入りするとの情報もあった。警備当局は真剣にテロを憂慮した。

そして、両陛下の御料車に防弾車を使うことを提案した。これには宮内庁が難色を示した。防弾車は窓を閉め切らなければ意味がない。しかし、それでは窓を開けて人々に手を振る両陛下の触れ合いのスタイルが保てないからだ。

これまで天皇、皇后の国内行幸啓で防弾車が使われた例はなかった。ただ、一九八七年の沖縄国体で昭和天皇の名代として皇太子夫妻だった両陛下が訪問した際に防弾車が使用された実績があった。それ以前も七五年の海洋博、八三年の献血大会と、皇太子夫妻時代の両陛下の沖縄訪問時に防弾車が使われていた。

結局、警備当局の意見が通り、防弾車が使用されることになった。以後、天皇、皇后両陛下の国内の旅で防弾車が使われたのは戦後五十年の一九九五年沖縄慰霊訪問のときのみだ。天皇、皇太子の旅で防弾車が使用された例が沖縄ばかりというのはどういうことだろうか。たしかに、特別な県民感情に乗じて過激派が反天皇制闘争を展開し、警備情勢が厳しかったのは事実だ。ただ、そこに沖縄を本土とは違う「異境」と見る偏見はなかっただろうか。

県民感情に配慮して「お言葉」が「お声かけ」に

四月二十三日午前十時過ぎ、両陛下を乗せた特別機は羽田空港を飛び立った。東京では二万六千人の警官を動員した厳戒態勢。沖縄県警では他県警から三千人以上の応援を得て、四千七百人の警備態勢を敷いた。国内の行幸啓では空前絶後の規模だ。

後輩の記者が沖縄に先乗りして那覇の街を取材していたが、「警察官の姿が目立ち、威圧感を感じる」「何も悪いことはしていないのに、手荷物のなかまで調べられるのはあまりいい感じはしない」という声を拾っていた。

警備だけではなく、取材も空前だった。新聞、放送、雑誌など六十五社約六百五十人が沖縄入りしており、外国報道機関も十社が取材に訪れていた。行幸啓取材陣がこれだけの規模に膨れあがった例はない。

約二時間四十分の飛行後、午後一時少し前に那覇空港に到着した。現地は真夏日。空港には日の丸の小旗を振る多くの奉迎者が迎えていたが、本土から来た右翼団体員も混じっており、野太い声で「天皇陛下バンザーイ」と叫んでいた。「これは沖縄の歓迎といえるのか」と違和感を持った。

両陛下は空港からまっすぐ糸満市の国立沖縄戦没者墓苑に向かった。車での移動は一時間十分ほどかかる。沿道は日の丸の小旗を持った奉迎者であふれていた。通常の国内行幸啓の風景と変わらない。しかし、緊張感はまるで違う。

私は車列の報道バスのなかから奉迎者や沿道の建物を凝視し続けていた。御料車に向けて物が投げられるのではないか、何者かが飛び出してくるのではないか、とピリピリしていた。もしそういうことがあれば、大きなニュースとして送稿しなければならないからだ。

何ごともなく戦没者墓苑に着き、両陛下は納骨堂の墓碑前にテッポウユリ、菊、カーネーションの生花を供え拝礼。このあとすぐ近くの沖縄平和祈念堂に移動する。ここで県内各地から集められた約百五十人の戦没者遺族との懇談が控えていた。今回の沖縄訪問の最大の取材ポイントである。

真夏を思わせる強い日差しの外から祈念堂の薄暗いホールに入ると立ちくらみがする。両陛下は列立する遺族の前に立った。天皇陛下の「お言葉」が始まる。

「先の戦争では実に多くの命が失われました。なかでも沖縄県が戦場となり、住民を巻き込む地上戦が行われ、二十万の人々が犠牲となったことに対し、言葉に尽くせぬものを感じます。ここに、深く哀悼の意を表したいと思います。

戦後も沖縄の人々の歩んだ道は、厳しいものがあったと察せられます。そのような中で、それぞれの痛みを持ちつつ、郷土の復興に立ち上がり、今日の沖縄を築き上げたことを深くねぎらいたいと思います」

天皇陛下はペーパーを持たず、ゆっくりと遺族に話しかける。実はこの「お言葉」をめぐって事前にひと悶着があった。沖縄復帰二十年だった前年、天皇の沖縄訪問が検討されたが、県民感情を考慮した県が反対。そして今回の訪問でも慰霊式典を特別に設定する案もあったが、やはり実現せず、戦没者遺族との懇談のみとなった。

その際の「お言葉」だが、通常は文書にして報道各社に事前配布されるのだが、県側から「複雑な県民感情に配慮して文書化を控えてほしい」と要望があった。天皇が戦争について何をいっても反発を招くと懸念されていたためだ。

このため、遺族への言葉は「お声かけ」という体裁になった。天皇の正式なステートメント（声明）ではなく、あいさつ程度という扱いだ。お声かけは事前に用意されたものではないというたてまえなので文書は出ない。

私はあまり意味のない形式主義だと思い、翌日朝刊で「このお言葉は宮内庁が事前に作成、陛下が目を通されたもの」と、通常のお言葉と変わらないものであるという記事を書いた。

批判的なことを書いたのは、お声かけという形になったため、少々〝実害〟を被ってカチンときていたせいもある。正式なお言葉ではないためペーパーが出ず、「ぶっつけ本番」で陛下の言葉をメモするはめになったからだ。歴史的にも重要なお言葉だけに、間違えては一大事と、大変な緊張を強いられた。

しかし、夜になって宮内庁は急きょ、お言葉の文書を配布した。歴史的なものなので間違いがあってはまずいと考え直したようだ。「そんなことわかっているだろうに。最初から出せよ」と記者たちは皆怒っていた。

天皇陛下のお声かけは約六分間。感心したのは、陛下がよどみなく言葉を続けたことだ。事前に用意していた文書がしっかり頭に入っていたということだが、こういう場合、文章を丸ごと暗記していると、ちょっとした文言を忘れただけで、すべてが真っ白になってしまうことがある。アドリブの方が楽だ。

天皇は様々な場でのスピーチのほか、お声かけのような即興のコメントを求められる。失言は許されない。それゆえ記憶力が研ぎ澄まされていくのだろうか。このとき陛下は五十九歳。誕生日の記者会見でもペーパーなしで質問に答えていた。現在の私はこのころの陛下より若いが、とても真似できない。

天皇家の「鎧わぬ」伝統

「お言葉」のあと、両陛下は遺族らに近づき、一人ひとりに声をかけていった。多くの遺族は涙を流していた。あとで遺族らに話を聞くと、「五十年近く胸につかえていたものがとれました。陛下がこんなにも沖縄のことを考えてくださっているとは」という声がある半面、「天皇が沖縄に来たからといって、肉親をなくした者の悲しみは忘れられるものではありません」との厳しい見方もあった。

「謝罪がないのは不満」「戦争は自分の知らないことではあっても、天皇の地位を継いだ以上、（責任を）受け継いでいかねばならない」という声もあり、沖縄の人々にとって現在の天皇に昭和天皇の像が重なるのは避け難いとの印象を持った。

歴代天皇として初めて沖縄を訪れ、ひめゆりの塔で供花する天皇、皇后両陛下。1993年４月23日（共同）

ある新聞には「しらじらしい感じしかしない。当然言うであろうことを言ったに過ぎない」という県内の大学教授の辛辣な感想が掲載されていた。言論が統制された国家と自由な民主主義国家の違いはあるが、半年前の中国訪問時にはなかった、天皇に対する冷ややかな空気を感じた。

両陛下は平和祈念堂から休む間もなく、ひめゆりの塔に向かう。ここで献花、拝礼の予定だが、だれもが思い浮かべるのが一九七五年の火炎瓶事件だった。皇太子夫妻時代の両陛下が塔を訪れた際、壕のなかに隠れていた過激派が火炎瓶を投げつけた。

沖縄での厳重警備や昭和天皇の訪問が遠のいた要因にこの事件がある。同じことが繰り返されることはないとは思っていたが、私たち記者は万が一を考えて緊張する。ただし、火炎瓶事件当時は霊場ということで警備に遠慮があったが、今回は壕のなかも徹底的にチェックされ、何かが起こる可能性はゼロだった。

ひめゆりの塔の前の道路は日の丸の小旗を振る奉迎者であふれていた。ひめゆり同窓会会長らの出迎えを受けた両陛下は、塔の前にテッポウユリ、菊、カーネーションなどの花束を献花、拝礼した。

このあと両陛下は隣接するひめゆり平和祈念資料館を視察した。説明役は元ひめゆり学徒の本村つるさん。両陛下は亡くなった学徒の遺影が並ぶ展示室、復元された壕などを沈鬱な表情で見て回った。

ふだん両陛下の後ろを追従して歩く際、私たち記者はちょっとした雑談などもするのだが、このときはしわぶきひとつたてずにその姿を見守った。館内にはひめゆり学徒隊が卒業式に歌うはずだった「別れの曲《うた》」が流れていた。

資料館の視察を終えた両陛下は防弾御料車に乗って、宿所である那覇市内のホテルへ向かった。沿道には大勢の奉迎者の姿があったが、トラブルはなかった。そして両陛下はいつものように御料車の窓を開けて奉迎者に手を振っていた。警察の強い要請で使用された防弾車も窓を開けては意味をなさない。

後年になってから、私は宮内庁の元幹部から警備に関する天皇陛下の考えの一端を聞いたことがある。テロ情勢が厳しかった時期、皇居の一角で警備装備の強化が検討された。それを聞いた陛下が、

「天皇家が連綿と続いてきたのは京都御所が鎧《よろ》わぬ場所だったからだ」

と武装しない天皇家の歴史に触れ、暗にその必要はないとの意見を示したという。天皇陛下は警備当局の立場、努力を尊重しつつも、「鎧わぬ」姿こそ、象徴天皇が人々から敬愛され支持される基盤だと確信しているのだろう。

もし、このときの沖縄訪問で両陛下が窓を閉ざした重装備の御料車で人々の前を通り過ぎて行くだけだったら、天皇家と沖縄との「和解」はかなり先延ばしされていたことだろう。

植樹祭お言葉で異例の戦争言及

天皇として初めての沖縄訪問初日はまさに慰霊の旅に終始し、翌日から通常の地方行幸啓スケジュールに入ったのだが、やはり沖縄では戦争がついて回る。

二十四日午前、両陛下は沖縄県庁を訪問。皇后さまの鮮やかなあかね色の洋服が目を引いた。一九八七年の沖縄国体で訪問したときに県から贈られた首里花倉織の生地をアンサンブルに仕立てたもの。県指定の無形文化財の染織家、宮平初子さんの作品だ。沖縄に心を寄せ続けていることを装いで伝えた。服装や装飾品にメッセージを込める皇后さまの面目躍如である。

県庁では大田昌秀知事による県勢概要説明が行われた。地方行幸啓では恒例であり、地域の歴史、産業、文化などについての紹介だが、今回は異例の一節が加えられた。

「また、本県は、去る大戦末期に国内唯一の地上戦の場となり、多くの尊い人命を犠牲にしたばかりか、先人たちから受け継いだ数々の文化遺産を失いました。戦争の愚かさを身をもって体験した私たち沖縄県民は、過去の悲惨な戦争体験を風化させることなく、その教訓を次の世代に正しく伝え、平和の尊さをあまねく全世界に訴えてまいりたいと考えております」

県勢概要説明でこのような戦争についての県民感情が語られるのは沖縄だけである。これに対する天皇陛下の返答が、翌二十五日の植樹祭式典で、やはり異例の形で表明されることになる。

大田知事は鉄血勤皇隊として沖縄戦の死地を生き抜いた人だ。この日夕刻の記者会見で両陛下に説明した感想を聞かれ、「戦中派ですので、戦前の皇室を迎えるスタイルは知っております。しかし、（この日午後に訪問した名護市の高齢者施設で）お年寄り一人ひとりに声をかけられるとは予想していなかった。両陛下のいたわりの気持ちを感じた。沿道でも戦前は帽子を脱いで迎えたが、今回は帽子を被ったまま手を振っている人がいた。様変わりしたなと思った」と語っていた。

両陛下はこの日の昼食会場だった名護中央公民館で、ハンセン病の国立療養所「沖縄愛楽園」の元、現園長と患者自治会長ら四人と約二十分懇談の時間を設けた。

両陛下は皇太子夫妻時代の一九七五年七月に同園を訪問。見送りの際に在園者が沖縄の船出歌「だんじょかれよし（だんじゅかりゆし）」を合唱した。のちに天皇陛下はこのときの印象を琉歌にした。これに皇后さまが曲をつけ、「歌声の響」という歌になっている。

この懇談は非公開のため残念ながら取材できなかった。

二十四日は京都で交番など二カ所で爆発物が仕掛けられる事件があり、天皇沖縄訪問に反対する過激派の連続ゲリラとみられていた。沖縄県内各地では天皇訪問に反対するデモが行われていたが、これまでとくにトラブルはなかった。ただ、本番の植樹祭式典で何かが起こる可能性もある。私たち記者は警戒を解かずに両陛下の姿やその周辺に目を注いでいた。このような緊迫感ただよう地方行幸啓取材はこのときだけだ。

二十五日午前、植樹祭の式典が糸満市で開かれた。この日の未明にも京都では仁和寺など四カ所に時限発火装置が仕掛けられる天皇沖縄訪問反対ゲリラ事件が起きていた。

式典会場に向かう途中、両陛下の車は沖縄戦の野戦病院で命を落とした首里高等女学校生の慰霊碑「ずゐせんの塔」前で最徐行。両陛下は碑に向かって車内から拝礼した。会場までの休憩所では同校同窓会会長らと短時間ながら懇談。花束を託していた。

これらはすべて事前の予定にはなかったこと。したがって取材設定はなく、私たち記者はあとで聞いた。他社のベテラン記者は沖縄訪問が終わったあと、「天皇のスケジュールは分刻みで決められている。昭和天皇の時はこれが守られていたのに比べると、大きな変化だ」と書いていた。平成の新しい時代に合わせて、皇室は徐々に変わっていくべきだとして、好意的な視点からの記事だった。

植樹祭の会場は沖縄本島最南端の糸満市字米須・山城地区にあり、海岸が目の前に迫る台地の造成地。夏のような日差しのもと、会場に敷き詰められた青々とした芝生がまぶしかった。

両陛下が会場に到着してから約十分後、陛下がお言葉を読み上げた。通常はその地域の植生や緑化推進運動の意義などについて述べられるのだが、やはり沖縄では異例の一節が加えられた。

「残念なことに、先の戦争でこの森林が大きく破壊されました。多くの尊い命が失われた、ここ糸満市では、森林が戦火によってほとんど消え去りました」

天皇陛下が植樹祭のお言葉で戦争について触れたのは、このときと戦後五十年の一九九五年に広島で開かれた植樹祭で原爆に言及した例のみだ。

両陛下が会場に到着する三十分ほど前には戦没者を追悼する一分間の黙とうが行われた。これも植樹祭では異例のことだった。私たち記者は両陛下に同行していたため、この黙とうは見ることはできなかった。

式典に過激派乱入？

会場での天皇陛下のお言葉の際にちょっとしたトラブルがあった。陛下の前のマイクの調子が悪く、冒頭からかなりの部分の音声が会場内に流れなかった。この日夕方の記者会見で大田知事は「進行の不手際があった。残念でならない」と平謝りだった。

この会見では両陛下が会場に入場したときの起立を促すアナウンスについて質問が出た。第一章で触れたが、前年の福岡県植樹祭でバンザイと起立が復活し、沖縄県の対応が注目されていた。結局、「先催県にならう」ということで、起立が継続された。そして〝過剰警備についても知事の見解を問う質問が多かった。

「警備については専門家の方々にお願いして、行政としては担当に任せた。いわゆる過剰警備ということのないようにお願いしていたが、山形県の例もある。ごく自然な形をお願いしてきたが、警備当局には植樹祭を無事に終わらせるという責務もあるので、とやかくいうことではない」

と知事は説明した。山形県の例というのは、前年十月に山形県で開催された国体開会式で、天皇陛下がお言葉を読み上げているときに、「天皇訪中反対」を叫ぶ男が発煙筒を投げつけた事件のことだ。発煙筒は陛下のはるか手前に落ちて事なきを得たが、こういう事例が過剰といえる警備の口実になっていた。

お言葉のあと、恒例の両陛下によるお手植え、お手まきが行われた。そして、郷土芸能の柳踊り、四つ竹などが披露されたのだが、太鼓を持ったエイサーの一団が入場する際、「ヤーッ!」と大きな掛け声を発したので、記者席の何人かがびっくりして立ち上がった。「どうしたんですか?」と聞くと、「過激派が乱入してきたと思った」という。警戒しすぎではないかとも思ったが、本土ではゲリラ事件が頻発しているだけに、杞憂ともいえなかった。

植樹祭会場をあとにした両陛下は、午後に沖縄市内の肢体不自由児施設を訪問。翌二十六日には国営沖縄記念公園首里城地区で前年十一月に復元された首里城を視察して帰京した。

沖縄から東京へ戻って思ったのは、戦争の歴史に対する沖縄と本土との意識の断絶だった。沖縄では天皇および私たち本土の側は「加害者」であり、天皇の訪問には防弾車と大規模な警備を必要とすること、かつて日本軍が蹂躙した中国を訪問する以上の緊張感を伴うことなど、本土の人々はどれほど理解していただろうか。

植樹祭が終わったあと、地元紙の沖縄タイムスの社説は「心の傷は癒えないが胸のつかえが下りた人、一区切りついたと思う人、さまざまではあるが、両陛下の誠意は十分通じたと受けとめたい」と評価した。

一方で「沖縄県民の気持ちは複雑だ。天皇・皇后の来訪と哀悼・ねぎらいのお言葉で戦後を終わらせることに同意できないからだ。割り切れない思いは残る」とも書いた。

かつて、ひめゆりの塔の前で火炎瓶を投げつけられた夜、天皇陛下は「払われた多くの尊い犠牲は、一時の行為や言葉によってあがなえるものではなく、人々が長い年月をかけて、これを記憶し、一人ひとり、深い内省の中にあって、この地に心を寄せ続けていくことをおいて考えられません」との談話を発表した。

沖縄の受けた傷がお言葉一つで癒えるものではなく、歴史にひと区切りがつけられるものでもないことは、天皇陛下自身が理解していた。

二年後の一九九五年八月二日、戦後五十年の慰霊の旅で沖縄を再訪した両陛下は、同年六月二十三日の沖縄戦終結記念日に除幕された、二十三万人の犠牲者の名前を刻んだ「平和の礎《いしじ》」で冥福を祈った。その後も天皇陛下は誕生日の記者会見で沖縄戦の歴史を忘れてはならないと繰り返した。

九五年以降、両陛下は四度沖縄を訪問したが、防弾車が使用されることはなかった。「和解」は「一時の行為や言葉」ではなしえないことを、両陛下の沖縄への旅が教えているように思える。

第五章 「忘れてはならない」——慰霊の旅

パラオ・ペリリュー島を訪れ、「西太平洋戦没者の碑」に供花する天皇、皇后両陛下。2015年4月9日（共同）

天皇の意志による戦跡地訪問

長い天皇の歴史のなかで、戦跡地の慰霊訪問は平成時代にのみ行われている。昭和の大戦争の敗北の結果の慰霊だから、当然ともいえるが、戦後四十年余りの平和な時代にも在位し続けた昭和天皇は、つきまとう戦争責任問題と海外からの厳しい目もあり、戦跡地訪問はかなわなかった。

戦没者慰霊のための戦跡地訪問は平成の天皇、皇后ゆえに可能だったのであり、その強い意志によって行われたきわめて独自性の高い公務だといえる。

戦没者慰霊を続ける天皇陛下について、よく「昭和天皇の思いを受け継いで」という言い方がなされる。物語としては収まりがいいかもしれないが、宮内庁長官、侍従長をはじめとする平成時代の天皇側近に取材したかぎりでは、戦没者の慰霊に関して天皇陛下が昭和天皇から具体的な言づてを受けていたという事実は確認できない。

二〇〇六年の誕生日前の記者会見で、追悼の気持ちや形について昭和天皇と話し合ったこと、伝えられたことがあるかとの質問に対して、天皇陛下は「追悼のことについてはうかがったことはありません」とそっけなく答えている。

前章で富田朝彦元宮内庁長官の昭和天皇評として、「感傷的な言づてなどしない人」という言葉を紹介したが、「天皇になったら、自分がなしえなかった戦跡地での戦没者慰霊を行ってほしい」などとはいわなかったと思う。むろん、言葉にはしなくても以心伝心ということはあったかもしれないが、戦跡地の慰霊訪問は天皇陛下自身の考察の末に実行に移されたものであろう。

天皇、皇后両陛下は戦後五十年の一九九五（平成七）年、長崎、広島、沖縄と東京大空襲の犠牲者の遺骨が納められた東京都慰霊堂を巡る戦没者慰霊の旅を行った。そして次の十年ごとの節目の年である戦後六十（二〇〇五）年にサイパン島、七十（二〇一五）年にパラオのペリリュー島を訪れた。

先にも述べたように、これらの訪問は天皇陛下の希望で実現した。通常の行幸啓は行事、式典への臨席や諸外国からの招待に応じて行われる。政治的権能を持たないとされている憲法上の立場から、天皇の旅は受動的な体裁をとる。ましてサイパン、パラオは国外であり、天皇の意志によって外国訪問が行われることは通例はありえない。

それが通ったのは、戦後五十年が大きな転機になったからではないかと思う。この年は阪神・淡路大震災という未曽有の災害が重なった。被災地を見舞う両陛下の姿は「困難な状況にある人々に心を寄せる」平成の天皇、皇后のあり方を強く印象づけた。慰霊訪問による「悲惨な戦争の歴史と犠牲者をけっして忘れない」というメッセージとともに、平成の天皇、皇后がめざす「あり方」が国民の意識のなかで明確な形となって見えた年ともいえる。

それゆえ、次に国外の戦跡地を訪問するということになっても、国民の大多数が支持することは明らかだった。憲法上の問題が問われる可能性は少なかった。ある意味、両陛下は自信をつけたのではないかと思う。

地獄の島へ

元侍従長の渡辺允《まこと》氏によると、戦後五十年の慰霊の旅が終わってしばらくすると、天皇陛下から、いずれ日本軍の戦場となった南太平洋の島々を訪れて戦没者を慰霊したいとの話があったという。南太平洋地域には東部、中部、西部に三つの日本人戦没者の碑がある。

ただ、これらの碑を巡るのは日程的に厳しく、小さな国々であるため、両陛下の訪問は現地に大きな負担をかけることにもなり、いったんは断念された。

しかし、天皇陛下の「サイパン島だけでも行けないものか」との希望により、戦後六十年の二〇〇五年六月、一泊二日という通常の海外行幸啓では考えられない日程での訪問が実現した。女性や子どもを含む数多くの日本人市民が身を投げたバンザイクリフの断崖で深々と拝礼する両陛下の後ろ姿は、平成の天皇、皇后の歩みを振り返るとき、代表的な映像として語り継がれていくことだろう。

当時の羽毛田信吾宮内庁長官は「天皇陛下は戦争については非常に勉強されていた。図書館から資料を借りてきたり、関係者に話を聞いたり。直接関係者に話を聞くことを重視されていた。陛下がまず考えるのは、戦争で苦しんだ人々に心を寄せたいということ。そこで人々がどのように苦しんだかを知るため、兵士や一般市民の手記、日記なども読んでいる。政治家などには『森を見て木を見ず』という人も多いが、陛下は『木を見て、かつ森を見る』といえる。陛下の勉強ぶりを見てそう思う」と話している。

二〇一四年夏、翌年の戦後七十年に両陛下がパラオのペリリュー島にある「西太平洋戦没者の碑」を慰霊訪問することが明らかになった。宮内庁のある幹部は「戦後七十年の慰霊訪問先としては中国大陸や韓半島は政治的に無理。ミャンマーやフィリピンは治安に不安があり、選択肢は限られていた」と話していた。

ただ、私は訪問先を聞いて驚いた。「そんなジャングルと岩だけの島を両陛下が訪問できるのか」と思ったのだ。太平洋戦争の回顧録のなかでも名著といわれるユージン・B・スレッジ『ペリリュー・沖縄戦記』を読んだ記憶があり、ペリリュー島についてあるイメージを持っていたからだ。

米軍の海兵隊員として戦ったスレッジの描くペリリューの戦いは地獄そのものだった。補給の見込みがなく、日本軍守備隊が孤立していた同島を米軍は「三日で占領する」と踏んでいた。しかし、網の目のように張り巡らされた洞窟で持久戦を図った日本軍の猛烈な反撃に遭う。

上陸地点の一つ、オレンジ海岸は俗説だが「米兵の血で染まったからそう名づけられた」ともいわれた。スレッジは「海兵隊が戦ったなかで最も苛烈な戦闘」「人肉粉砕機に放り込まれた」と地獄の戦いを表した。

米軍が島を完全に制圧するまで二カ月半を要した。日本軍守備隊約一万人は玉砕。米軍の死者は約千七百人だったが、死傷者数では約九千人に上った。

これらの史実から、私の頭にあったペリリューは荒涼たる死の風景が広がる島だった。定例の宮内庁長官会見でも「とても両陛下が行けるような場所じゃない」などと、したり顔で〝忠告〟していた。まったくの認識不足で、ペリリュー島が日本人観光客も多く訪れるダイビングのメッカとなっていることを知らなかったのだ。

「決して忘れてはならない」

両陛下の訪問は二〇一五年四月八〜九日と決まった。サイパンと同様、一泊二日の「弾丸訪問」だ。年が明けて、パラオでの両陛下の宿泊場所は、現地のホテル事情を考慮して海上保安庁の巡視船になるという話が聞こえてきた。ペリリュー島までは、やはり海保のヘリで往復するという。両陛下の海外訪問先に海保が出張っていくなど前代未聞だった。

訪問を一カ月後に控えた三月五日、両陛下は庄司潤一郎防衛省防衛研究所戦史研究センター長を御所に招いて、ペリリュー島の戦いについてレクチャーを受けた。両陛下はサイパン訪問前にも庄司氏から説明を受けている。

同月二十二日、両陛下は数少ないペリリュー島からの帰還者の元陸軍軍曹・永井敬司氏(当時九十三歳)、元海軍上等兵・土田喜代一氏(同九十五歳)と懇談した。サイパン訪問のときも事前に日本遺族会、マリアナ戦友会、南洋会などの人々を招いて話を聞いている。

ペリリュー生還者との懇談のとき、天皇陛下は風邪気味で熱があり、冒頭の五分ほどで退席した。実は皇后さまも風邪を引いていた。両陛下は二十四日から三日間、栃木県の御料牧場で静養予定だったが、取りやめになった。出発まで両陛下の風邪は完治せず、体調が万全ではないままの訪問となる。

出発の日の四月八日朝。桜の満開の時期もとっくに過ぎたというのに、東京は真冬並みの気温八度だった。パラオは三十度程度と聞いていたので、「この気温差はきついなあ」と思う。風邪が治らないままの両陛下はなおさらだろう。

出発前、天皇陛下は羽田空港の貴賓室で行われた見送り行事でお言葉を読み上げた。

「終戦の前年には、これらの地域（南太平洋の諸島）で激しい戦闘が行われ、幾つもの島で日本軍が玉砕しました。このたび訪れるペリリュー島もその一つで、この戦いにおいて日本軍は約一万人、米軍は約千七百人の戦死者を出しています。太平洋に浮かぶ美しい島々で、このような悲しい歴史があったことを、私どもは決して忘れてはならないと思います」

「決して忘れてはならない」は天皇陛下が過去の戦争について語る際によく使う言葉で、国民の記憶を喚起するメッセージだ。

午前十一時四十分少し前、両陛下と随員、同行記者を乗せた特別機が離陸した。首席随員は風岡典之宮内庁長官。通常の外国訪問では首相、外相経験者が務めるが、親善よりも慰霊が主の例外的な訪問であるためだ。

パラオの国際空港の滑走路が短く、ジャンボ機の政府専用機が着陸できないため、全日空の中型機が使用された。両陛下の海外訪問で政府専用機が使われるようになった一九九三年より前は、特別機は日本航空が独占していた。全日空機が外国訪問の「お召機」に採用されたのは初めてだ。

飛行予定時間は四時間二十分。パラオの現地気温は二十八度との機内アナウンスが流れる。両陛下はいつものように機体前部の左側の座席。午後一時半ごろ、ランチの機内食が出てきたが、これがびっくりするほど豪華。メニューには老舗の名店の洋食、うなぎ、すき焼き、中華などがずらりと並んでいた。政府専用機ではこれほどの機内食は無理だ。「全日空はずいぶん張り切ってるなあ」と記者たちはささやきあっていた。

沿道に日の丸とパラオ国旗

午後三時半過ぎ、窓の外に珊瑚礁が見え始める。午後四時にパラオ国際空港に着陸。日本との時差はない。雲は多いが晴れ。思っていたほど暑くないが、日差しはまぶしく、湿気でむっとする。

小さな空港ホールで歓迎式典が行われ、レメンゲサウ・パラオ共和国大統領が両陛下を出迎えた。両国国歌演奏中、皇后さまが少しふらつく。歩くときも少し足を引きずっていた。飛行機や車に長時間同じ姿勢で乗っていると、よくこういう症状が見られる。風邪が完治しておらず、疲れが影響したのかもしれない。

天皇陛下は大統領への第一声は「ナイスツーミーツユーアゲイン」。前年十二月に同大統領が来日、両陛下と昼食をともにしていた。大統領は「ウエルカムツーパラオ」と答える。皇后さまの胸に日本とパラオの国旗をデザインしたバッジが見えた。こういうとき、皇后さまは何かゆかりのものを身につけるはず、と思って注意していたので、すぐに気がついた。

午後五時前に車列が空港を出発する。私たち記者も報道バスで追従する。空港から橋を渡ってパラオの中心部であるコロール島へ入る。沿道にはたくさんの日の丸とパラオ国旗が掲げられていた。商店、レストランには中国語の看板が目立つ。

繁華街に入ると、「Welcome to PALAU ようこそパラオへ」の横断幕が飾られており、大勢の人たちが手を振っていた。車列はスピードを落とし、両陛下も車の窓から手を振る。日本からやってきたとみられる右翼団体が「天皇陛下萬歳」と書かれたのぼりを掲げていた。

パラオで最初に訪れたのは国際サンゴ礁センター。ここには「アキヒト」名のハゼが飼育されている。両陛下は英語で質問しながら視察した。センターを出る前には南洋らしいスコールが降り、すぐにやんだ。

午後六時過ぎ、私たち記者は晩餐会が行われるガラマヨン文化センターに先乗りする。ここで空港貴賓室での天皇陛下と大統領のやりとりなどについて式部官長のレクが行われた。その後一時間ほど待機する。

午後七時過ぎ、両陛下の車が到着した。天皇陛下はクールビズの白いシャツ。皇后さまはグレーのチュニックと白のパンタロン。晩餐会はブラックタイ、タキシードが相場だが、南洋の国では違和感がある。パラオ側の要請でアイランド・フォーマルという形になった。

「死、苦しみ、困難という悲しみの記憶」

晩餐会は午後七時五十分ごろから始まった。バンケット・ホールという体育館のような場所。白い布をかけた丸テーブルが九つ。両陛下が座るメーンテーブルがあり、その正面の壁際で私たち記者は取材する。

入場した両陛下はパラオ、ミクロネシア、マーシャル諸島の大統領と記念撮影。日本の旧委任統治領だった三国の大統領が両陛下を歓待する形だ。

晩餐会冒頭、パラオ大統領が「私たちはともに終戦七十周年を記念し、戦中の出来事と戦闘がもたらした死、苦しみ、困難という悲しみの記憶を想起いたします」とスピーチ。最後に日本語で「ありがとうございました」と締めた。乾杯後、天皇陛下のお言葉。三カ国への感謝と訪問前の台風被害へのお見舞いを述べる。お見舞いは用意していたお言葉に当日急きょ付け加えた。そして陛下はこの地域と日本との来歴を語る。

「ミクロネシア地域は第一次世界大戦後、国際連盟の下で、日本の委任統治領になりました。パラオには、南洋庁が設置され、多くの日本人が移住してきました。移住した日本人はパラオの人々と交流を深め、協力して地域の発展に力を尽くしたと聞いております。クニオ・ナカムラ元大統領はじめ、今日貴国で活躍しておられる方々に日本語の名を持つ方が多いことも、長く深い交流の歴史を思い起こさせるものであり、私どもに親しみを感じさせます」

陛下が言及した日系二世のクニオ・ナカムラ氏は一九九三年から二〇〇一年までパラオの大統領を務めた。同氏は来日した際、天皇陛下と二回会見、昼食やお茶も三回経験している。この日の晩餐会にも招待されていた。

お言葉は戦争の歴史に移る。

「しかしながら、先の戦争においては、貴国を含むこの地域において日米の熾烈《しれつ》な戦闘が行われ、多くの人命が失われました。日本軍は貴国民に、安全な場所への疎開を勧める等、貴国民の安全に配慮したと言われておりますが、空襲や食糧難、疫病による犠牲者が生じたのは痛ましいことでした。ここパラオの地において、私どもは先の戦争で亡くなったすべての人々を追悼し、その遺族の歩んできた苦難の道をしのびたいと思います」

途中通訳を入れながら七分間のスピーチだった。このあと、腰みの姿の女性たちによる伝統的なダンスパフォーマンスが披露された。

過去に何度か両陛下の海外訪問での歓迎晩餐会を取材しているが、これほど質素な宴は初めてだった。パラオは人口約二万人、国内総生産（ＧＤＰ）は日本の二万分の一しかない。豊かではない国が、両陛下を精一杯もてなそうとしていることも知っておかなければならないと思った。晩餐会は豪華絢爛《けんらん》ではないものの、非常にアットホームな雰囲気で、パラオの人々の真心を感じた。

日本のＮＧＯがたずさわる不発弾処理

晩餐会は一時間の予定が二、三十分ほど延びた。終了後、同センター内で両陛下と青年海外協力隊員などパラオ在留邦人との懇談が行われた。外国訪問では恒例だが、今回のような慰霊目的の訪問でも律義に行われる。

このなかで目を引いたのが「日本地雷処理を支援する会」（ＪＭＡＳ）などの人たちだった。

パラオの海には日米の戦闘による兵器の残骸が数多く沈んでいるが、そのなかには不発弾もある。ＪＭＡＳ会員は爆発物処理の特殊技能を持った自衛隊出身者が中心で、カンボジア、アフガニスタンなどで活動してきた。パラオでは二〇一三年から活動を始めているという。不発の爆雷からは、いまも有毒なピクリン酸が漏れ出しており、環境問題になっている。ＪＭＡＳは爆雷の亀裂を封印する作業を進めている。

天皇陛下は会員に「危険な作業ですね。気を使うでしょう」「（爆雷の）処理が効果をもって、環境が良くなっていますか」などと話しかけていた。陛下は耳が遠いせいで何度か聞き返す。

会員から「爆雷は日米合わせて七十以上あるとみられています」と説明があると、陛下は「たいへんな作業ですね。どうぞ体に気をつけて」とねぎらっていた。

不発弾は戦争をした国の責任であり、その処理は当然やるべきなのだが、JMASのような非政府組織（NGO）が危険な作業に従事していることを初めて知った。日本がもたらした災禍への贖罪を彼らが代表して行ってくれているような気がした。

両陛下はいったん空港へ戻り、そこから海保のヘリでコロール島沖合に停泊している巡視船「あきつしま」に到着。この日のすべての予定を終えたのは午後十一時過ぎだった。

私たち記者は食事をとる時間もなく、とりあえず宿舎のパラオ・ロイヤル・リゾートホテルの売店にあった日本の缶ビールを買って一息ついていたところ、翌日の慰霊訪問先のペリリュー島でトラブル発生との情報が入った。

同島南端にある西太平洋戦没者の碑の周辺は、両陛下の訪問に備えてペリリュー州当局がきれいに掃き清めていた。そこを先乗り取材で訪れていた日本の一部のメディアが踏み荒らしたとのことで、同州のシュムル知事がカンカンに怒って、「あすは現場での個別取材はいっさい許可しない」といっているという。

そうなったら、いったい何のためにここまで取材に来たのか、ということになる。とくにテレビの取材陣は青ざめた。結局、一晩たって知事の頭も少し冷めたのか、翌日は予定通りの取材ができて事なきを得た。

困った「熱心なご説明」

翌九日は取材のスタート時間が早いため、午前五時に起床。ホテル側のはからいで早朝から開いてくれていたラウンジで朝食を取る。すぐ近くのテーブルに見た顔があると思ったら、厚生労働省の村木厚子次官だった。部下とみられる人と一緒で、何やら紙を手に読み上げの練習をしている。

戦没者関連の事業は厚労省の管轄で、次官は慰霊碑の前で両陛下に説明することになっている。そのための予行演習だろう。「真面目な人だなあ」と思ったが、その真面目さが困った事態を招くことになる。

午前七時、ホテル裏の岸壁からボートに乗った。二十数人乗りで、宮内記者会の同行記者はなんとか全員乗れた。ボートはものすごいスピードで海面を跳ねながら進む。平底のボートは横波を食らうとひっくり返りそうでちょっと怖い。ただ、珊瑚礁で囲まれたラグーンは外海の波の影響を受けず、湖面のように穏やかでその心配はない。

ペリリュー島はコロール島の南西約五十キロメートル。両島の間には世界遺産のロックアイランド（珊瑚礁が隆起してできた二百以上の島々）があり、エメラルドグリーンの美しい海が広がっている。途中、日本軍の戦闘機の残骸が一つ見えたが、それを除くと戦争とは無縁の楽園にしか見えない。ボートは五十分足らずでペリリュー島北端の港に到着した。

先乗りしていた記者たちが待っていた。「こっちは数日前から日本の右翼が大挙して押しかけていますよ」とのことだった。

ここからマイクロバスに乗り、両陛下のヘリが到着予定の南部の飛行場に移動する。午前九時過ぎで気温は三十三度近くに上っていた。戦時中、日本軍はここに上空から見ると滑走路が4の字に交差する巨大な飛行場を建設していた。いまは土と雑草の滑走路一本のみで、ヘリポートだけが舗装されている。

九時五十五分、両陛下を乗せた海保のヘリ「あきたか」がヘリポートに到着した。ヘリの階段から下りる際、皇后さまの足元が少しあぶない。先に下りた天皇陛下が手を差し出す。両陛下はバスに乗り、慰霊碑へ向かう。私たちもしばらくしてからバスであとを追う。

途中休息する両陛下より先に、島南端の西太平洋戦没者の碑に到着。周辺は多くの日本政府、報道、遺族会関係者らが集まっており、日本のどこかの海岸にいると錯覚するほどだ。強い日差しと真っ青な海が南洋の島だと気づかせてくれる。ただ、上空の雲がときおり太陽を隠しており、碑の周辺の大木が日陰になっていることもあって案外涼しい。

十時四十分ごろ、予定より少し早めに両陛下を乗せたバスが到着。出迎えた村木厚労次官が慰霊碑の前で説明を始める。カメラ、記者は慰霊碑の両サイドに分かれてこの様子を見守る。サイパンのバンザイクリフでの拝礼のような、両陛下の歴史的な映像が撮影されようとしている。

ところが、一分、二分過ぎても村木次官の説明が終わらない。生中継を始めているテレビ局もあるのに、両陛下のそばに村木さんが映り込んだままだ。

「早く終わってくれよ〜」という声が記者の間から上がる。生真面目に準備した情報を説明しているのだろう。でも、ここはそういう場面ではないのだが……。そもそも両陛下はペリリュー島での戦没者については事前に勉強しており、この場での長い説明は不要だろう。

両陛下の後ろで、供花される白菊の花束を持って控えている川島裕侍従長の手が小刻みに震えているのが遠目でもわかった。イライラしている。

あとで宮内庁の幹部が「次官の説明は長すぎた。事前にもう少し打ち合わせをしておけばよかったが、時間がなかった」と嘆いていた。

ようやく説明が終わり、両陛下は碑の前に進み出て花束を台座に供花。長々と拝礼した。両陛下が顔を上げると、雲に隠れていた強い日がさっと差した。太陽が肌を刺し、いっきに南洋の暑さとなる。日本のお盆ごろに近い暑さだ。

他国の犠牲者も忘れない

慰霊碑から約十キロメートル先にアンガウル島が見える。碑に拝礼したあと、両陛下は島を遠望、再び拝礼した。海に向かい深く頭を下げる両陛下のうしろ姿は、バンザイクリフで祈りをささげたときと同じ構図だ。ふだん、天皇、皇后をうしろから撮影することはまずないのだが、両陛下の戦没者を悼む心が見る者にもっとも強く伝わってくる図だと思う。

このあと両陛下は、この場に集まっていたペリリュー州知事ら地元関係者、遺族会、生還した元兵士らに声を掛けていった。土田喜代一さんの姿も見える。

天皇陛下は「この前（三月二十二日の懇談のこと）は風邪を引いたもので」、皇后さまは「（ペリリュー訪問は）十四回目でしたか？」と声をかけていた。

アンガウル島で生き残り、戦友の慰霊碑管理のためパラオに移住した倉田洋二さん（当時八十八歳）は「手が不自由なので顔を洗ったことがありません。ですからこんな汚い顔をしています。本日はありがとうございました。戦友に代わって御礼申し上げます」と両陛下に話していた。

両陛下は一人ひとりに声をかけていくので、予定時間をオーバーする。すると村木次官がこんどは杓子定規に懇談を打ち切ろうとした。宮内庁の河相周夫式部官長が「かまわない」と示唆して懇談は続けられた。

土田さん、倉田さんは地獄のペリリューからの奇跡の生還者であったため、各メディアの取材が殺到して一躍ときの人となった。しかし、その陰で忘れられた存在がある。ペリリュー島では捕虜として約四百五十人、アンガウル島で約五十人が生き残った。「捕虜は恥」という思いを持ち続け、表に出ることを避けていた人もいる。

パラオ人の犠牲も忘れてはならない。戦時中、軍事施設建設のため日本軍に「挺身隊」として徴集されたパラオの人々がニューギニアなどへ送られ戦死している。空襲では約二百人が犠牲になったといわれている。

午前十一時二十分、両陛下は米陸軍第八一歩兵師団慰霊碑へと移動した。途中の沿道には日の丸の鉢巻きでダブルの黒スーツを着た目つきのあまりよくない男たちの姿があった。右翼団体だ。

米軍慰霊碑では駐パラオ大使、海軍司令官などアメリカ関係者が出迎える。両陛下が慰霊碑に花輪をささげたころに陽は中天に近くなり、強い日差しと湿気でくらくらする。パラオの紫外線は日本の七倍らしい。

花輪を供えたあと、両陛下は米軍が上陸した海岸「オレンジビーチ」の間近まで徒歩で移動。現地でツアーガイドとして戦没者慰霊、遺骨収集にたずさわってきた菊池正雄さん（当時六十七歳）の説明を聞きながら海を眺めた。ここで迎え撃った日本軍の猛射を浴びて多くの米兵が落命した。ペリリューで戦死したほとんどの米兵は第一陣として突撃した海兵隊員なのだが、なぜか彼らの慰霊碑はなく、後続の掃討部隊だった陸軍のものだけがある。

ビーチの白い砂浜と透明の海は美しい。この澄んだ海と米兵の血で真っ赤に染まったという地獄の海。これほどまでに極端なコントラストがあるだろうか。両陛下はこの海に向かっても拝礼した。戦争の犠牲は自国民だけではない。殺すか殺されるかの戦いとはいえ、他国の人たちの命が奪われたことも事実であり、これも忘れてはならないことだ。

正午近くになり、両陛下は少し離れた休所へ。しばらく休憩したあと、芝生を徒歩で横切って、サマーハウスというあずまやでお年寄りや小学生などペリリュー島民約二十人と懇談した。

両陛下は慰霊の際の沈痛な表情と変わって終始笑顔。天皇陛下は子どもたちに「勉強は何をしていますか?」と話しかけていた。九十歳を超える女性もいて、日本統治時代に覚えた片言の日本語を話す。陛下は「戦争のときは大変だったでしょう。お元気で」とねぎらう。

「親日」の背景にある歴史

懇談が終わったあと、私たち記者はこれらのお年寄りに話を聞いたのだが、おぼろげな記憶をたどって、日本語の単語や歌を披露してくれた。パラオ語にはいまでも「センキョ」「デンワ」など日本語をルーツとする言葉が多い。両陛下への歓迎ぶりを見て、私たち日本人は「パラオは親日」と思う。そのような報道も多かった。

もちろん、それは事実だ。戦前のパラオを含む南洋群島(現在のミクロネシア地域)の日本の統治は、残虐だったスペインなど以前の統治者に比べれば、はるかに良質だった。庶民レベルでは日本人、パラオ人の連帯意識も強かったという。

ただ、「高齢者には日本語を話す人が多く、日本を懐かしんでいる」と、表面だけを見て判断するのは早計ではないか、とも思った。天皇陛下が常々いうように、歴史をしっかり学ばないと、最近目立ってきている独善的な「日本褒め」のような、手前勝手な自己陶酔に陥ってしまうのではないだろうか。

日本語の名残が多いのは、統治時代に日本語が強制されたためであり、子どもは学校で日本語以外話すことを禁じられていた。日本はパラオを含む南洋群島に島民の数を上回る移民を送り込み、事実上の領土とした。政治、経済は徹頭徹尾、日本の国策に沿ったもので、島民は「三等国民」（実際は日本国民と認められなかったが）と差別、疎外されていた。

招いたわけでもない外国に支配され、あげく郷土が戦場になり荒廃した。ミクロネシアの人々は戦後、日米に戦時補償を請求した。一九六九年にミクロネシア協定が締結され、日本は五百万ドル（当時十八億円）を支払った。

しかし、日本政府は「国際法上なんら戦争損害賠償に応じる責任なし」の立場を堅持し、この資金は「住民の福祉のため自発的に提供するもの」とした。以降、「日本に対する財産、請求権のすべての問題は、完全かつ最終的に解決された」として、賠償には応じていない。

ペリーによる開国や戦後のアメリカによる占領に対して怨念を抱えている日本人はいまだに多い。ならば、パラオの人々の心情をわが身に置き換えて考えることもできるのではないか。過去の統治を自賛し「親日」を連呼するだけでは日本人の品性が疑われる。

日本はアメリカに次ぐ援助国だ。戦後の日本のＯＤＡ（政府開発援助）は高く評価されてはいる。資源もこれといった産業もないパラオにとって、日米の援助は命綱である。自力で稼げる唯一といっていい収入源の観光は、日本からの旅行者に大きく依存している。それを踏まえて、パラオの人々の笑顔を見るべきだろう。

記憶を喚起する旅

ペリリュー島民との懇談でパラオでの行事は終わり、両陛下は再びヘリに乗り、空港へ向かった。特別機に同乗する記者は急いで戻らなければならない。高速ボートをぶっ飛ばしてコロール島へ帰り、ホテルのワーキンググルームで弁当をかき込む。午後二時半には集合をかけられ、バスで空港へ。時間がないというので、金属探知機のチェックも受けずに特別機に乗り込んだ。

しかし、飛行機のなかで一時間ほど待たされることになった。大使公邸で遅い昼食をとった両陛下は出発の十分ほど前に空港に到着。あわただしく特別機に乗り込み、午後四時過ぎに離陸した。パラオでの滞在時間はちょうど二十四時間だった。

帰国後、私は総括記事で「旅の目的は慰霊だが、それ以上の意義があったのが『記憶の喚起』だった」と書いた。

ここ数年、「歴史の忘却」に対する天皇陛下の憂慮が耳に入っていた。二〇〇九年の即位二十年の記者会見で、日本の将来で心配なことを問われた陛下は「次第に過去の歴史が忘れられていくこと」と答え、「昭和の歴史には様々な教訓があり、歴史的事実を知って未来に備えることが大切」と述べていた。

戦後七十年の新年の感想でも「満州事変に始まるこの戦争の歴史」を学び、日本の将来を考えることが「今、極めて大切なことだと思っています」と強調していた。

両陛下の慰霊訪問は大きく報道される。そのことによって日本人は忘れがちな「歴史的事実」と「教訓」を思い出す。「それこそが戦没者に対する最大の慰霊だろう」と書いた。ペリリュー島は長らく「忘れられた戦場」といわれていた。多くの犠牲を無駄にしない道は事実を正確に知り、未来に生かすことだ。歴史は未来を生きるためのマニュアルでもある。負の側面も含めた自国の歴史に真摯に向き合う大切さ。両陛下はそれを行動で説いていると私は思う。

寝耳に水、二年連続の海外慰霊

両陛下の戦跡地慰霊訪問は戦後五十年の一九九五年以来、十年ごとの節目に行われてきた。戦後七十年のパラオ・ペリリュー島訪問が終わったあと、「次は戦後八十年か。サイパンの中部太平洋、ペリリューの西太平洋の戦没者慰霊碑をめぐったので、こんどはマーシャル諸島にある東太平洋戦没者の碑だろうか。それまで両陛下がお元気であればいいが」などということを話していた。いずれにしても十年先のことなので、「いま、いろいろ考えることもないだろう」と気を抜いていた。

ところがパラオ訪問から半年後の二〇一五年十月十三日、官房長官が午前の記者会見で両陛下が翌年初めにフィリピンを訪問する方向で調整を進めていると発表した。二〇一六年は両国の国交正常化六十周年であり、フィリピンから両陛下訪問の招請があったと説明された。

フィリピンは太平洋戦争で最多の約五十二万人もの日本人戦没者を出した最激戦地だ。当然、戦没者慰霊の日程も検討しているという。

寝耳に水だった。親善の外国訪問はあるにしても、海外での戦没者慰霊は、当分はないものと思い込んでいた。二年連続で海外慰霊の旅が行われようとは予想していなかった。さらに慰霊を抜きにしても、フィリピンは想定外だった。両陛下の即位後最初の外国への旅は東南アジア諸国であり、その後もアジア各国の訪問が行われてきた。そのなかでフィリピン訪問は実現していなかった。

宮内庁関係者がいつも理由にあげていたのがフィリピンの治安の問題だった。同国では一九七〇年代からミンダナオ島で、独立をめざすイスラム教徒と政府との間で武力紛争が長年続いていた。しかし、それだけではなく、フィリピン国民の感情も気にしていたのではないかと思う。

　太平洋戦争では日米の戦いに巻き込まれ、おおよそ百万人のフィリピン市民が犠牲になったともいわれている。日本の戦場になったアジア諸国のなかでは同国の対日感情は比較的良好とされていたが、天皇の訪問でどのような反応があるのか、政府・宮内庁では不安があったとみられる。

　それが一転して訪問が実現することになった理由としては、ミンダナオ紛争が日本政府の仲介により二〇一四年に包括的な合意に至っており、いわば日本外交の大きな成果になっていたこと。過去十年間ほどは、マニラを中心として同国の経済発展が進んでおり、治安への不安はある程度払しょくされていたことがある。

　さらに九〇年代から二〇〇〇年以降にかけて来日したラモス、アロヨ、アキノの各フィリピン大統領が天皇の訪問を要請していたこと、そして何よりも天皇陛下自身が訪問を強く希望していたことが大きい。

　きっかけは二〇一五年六月のベニグノ・アキノ大統領の来日だった。大統領は国交正常化六十周年となる一六年の天皇、皇后の訪問を招請した。節目の年で訪問の名目ができたことと、この機会に親善と戦没者慰霊を兼ねた訪問を行いたいという天皇陛下の意向が合致した。

アキノ大統領が訪問を招請したことは聞いていたが、天皇と会見した各国要人は外交辞令として訪問を求めることがあり、まあそのたぐいだろうと油断していた。あとで宮内庁幹部が「六月の大統領来日以降に話が具体的に進みだした。今年は戦後七十年でいろいろあったため、メディアの目がそちらに向いていた。パラオで慰霊は終わったという雰囲気だったね。事前に漏れなかったのは奇跡だ」といくぶん得意げに語っていた。

大統領来日の際の宮中晩餐で天皇陛下は「先の大戦においては、日米間の熾烈な戦闘が貴国の国内で行われ、この戦いにより、多くの貴国民の命が失われました。このことは私ども日本人が深い痛恨の心と共に、長く忘れてはならないことであり、とりわけ戦後七十年を迎える本年、当時の犠牲者へ深く哀悼の意を表します」とお言葉を述べていた。「深い痛恨の心」という表現に注目したが、いま思えば何としてもフィリピンを訪問し、両国の犠牲者を追悼したいという決意の表れだったのかもしれない。

十一月末には訪問の日程が翌年一月二十六―三十日の四泊五日に固まった。一月は皇室の正月行事が立て込んでおり、訪問は二月以降とみられていたが、宮内庁のある幹部は「十万人の市民が犠牲になったマニラでの市街戦が一九四五年二月三日から始まっており、その時期にかぶせたくなかった。本来は日程上、もっとうしろの方がよかったのだが、そういう事情で一月中にした」と話していた。

フィリピンは親日といえども戦争の歴史は重い。相手国の感情を軽視しないという点で、この日程はやむを得ないと思った。

フィリピン残留日系人の悲劇

両陛下訪問に備え、私はフィリピンの歴史、戦争について勉強を始めた。戦争に関しては「古典」といえる大岡昇平『レイテ戦記』やヒット曲「あゝモンテンルパの夜は更けて」で有名なBC級戦犯解放の物語関係のものを読んでいたので、ある程度は知っているつもりでいた。しかし、調べるにつれ、日本ではほとんど知られていない事実が数多くあることに気がついた。

いまでこそ親日のフィリピンも戦後しばらくはアジアでもっとも反日感情が強い国だった。転機は一九五八年に実施された日本政府による遺骨収集団の派遣だった。以後、遺骨収集・巡礼団が何度も訪れることになるが、遺族が留意したのがフィリピンの国民感情への配慮だった。

遺族らはフィリピン人犠牲者の慰霊も同時に行うとともに、日本の加害行為について一定のおわびを続けた。この積み重ねがフィリピン側に好印象を与え、「おわびと許しの好循環」が生まれたといわれている。

一九八三年にフィリピンを訪問した中曽根康弘首相が謝罪と反省を述べたこと、中韓に対するような、日本の政治家による戦争の加害責任を否定する発言がほとんどなかったことも好影響を与えていた。

そして、衝撃を受けたのがフィリピンの残留日系人の悲劇だった。

かつてフィリピンには大きな日本人移民コミュニティーがあり、太平洋戦争直前は約三万人に上っていた。最大の日本人集住地となったのがミンダナオ島のダバオだった。同地で日本人が従事したのはマニラ麻の栽培。船舶用のロープに使われるため第一次世界大戦勃発で世界的に需要が急増し、これに伴い移民の数も増えて、一九二九年にはダバオの邦人数は一万人を突破。東南アジア最大の日本人街を形成した。

フィリピンでは外国人の土地所有に制限があったため、多くの日本人移民男性が現地の女性と結婚し、妻名義で耕地経営にあたった。このため日比混血の二世が数多く誕生した。四一年の太平洋戦争開戦とともに日本軍は米軍の重要拠点だったフィリピンに進攻、占領する。日本軍政下で移民と二世は日本人として扱われ、軍属として徴用された。

アメリカに依存していたフィリピン経済は日本占領により逼迫。さらに軍票乱発によるインフレや食料不足が市民を苦しめた。日本の憲兵がふるう暴力も反発を買う。四四年十月、米軍のレイテ島上陸でフィリピン戦が始まり、追い詰められた日本軍による市民の虐殺が横行した。日系人は自警団などで軍に協力したため、フィリピン人から深い恨みを受けた。

フィリピン各地では難民となった日系人らが山中などで集団自決する悲劇が起き、生き残った子どもは孤児となる。終戦で日本人は本国へ送還されたが、日本国籍のない二世はフィリピン人の母親と残留。反日感情の残るフィリピン社会ですさまじい差別を受け、多くの人々が貧困に苦しんだ。第二章で触れたベトナムの残留日本兵家族よりさらに悲惨な境遇だった。

「両陛下をひと目見たい」

フィリピン残留日系人の苦難を伝えるルポなどを読んで、「これはまさに忘れられた歴史だ」と思った。彼らは知られざる、そして捨てられた同胞ではないか。日本の戦争による被害者でもある。その存在を日本人が知るためにも、両陛下にはぜひ会ってもらいたい。

そう感じて、私は二世の日本国籍取得を支援しているNPO法人「フィリピン日系人リーガルサポートセンター」を取材した。そして、残留二世の一部が両陛下の訪問期間中にマニラで日系人大会開催を計画しており、「両陛下にお目にかかりたい」と希望していることを知った。

訪問まで一ヵ月余りとなった十二月中旬、私は宮内庁の幹部にこのことを話した。幹部によると、「日系二世については、フィリピン日系人会連合会などから両陛下にお会いしたいという申し出があるようで、検討はしている。ただ、外務省などでは懸念もある。二世の人たちから国籍取得など政治的な要望を両陛下に訴えられたら困るという意見があるんだ」ということだった。

私は「戦争で筆舌に尽くしがたい辛酸をなめてきた残留日系二世に両陛下が会わないとなると、『なぜ会わないのか』と、それがニュースになりますよ」といった。幹部は「そうですか。やっぱり会った方がいいね。会う方向で進めますよ」と返答したが、「在比邦人のいくつかのグループと一緒の形式になると思う。せいぜい十人程度かな」と話していた。

私はそれも仕方ないと思っていたが、その後、日系人大会で集まった二世らが「せめて沿道から両陛下の車に手を振りたい」と望んでいることを聞いた。それもせつない話だと思い、私はまた宮内庁幹部をたずねた。

「両陛下をひと目見たさに、ミンダナオ島などから駆けつける人も多い。なけなしの金をはたいて生まれて初めて飛行機に乗る人もいる。日系人大会に両陛下が出てくれとはいわないが、なんとか彼らが両陛下を見る機会を設けられないものだろうか」

「日程がかなりタイトでねえ。両陛下が大会に出るのは難しい。しかし、在比邦人との懇談で二世の代表に会う際、会場のホテル前で奉迎してもらう方法がある。そこに二世の人たちに並んでもらうのはどうか」

「それでいい。彼らは両陛下と話はできなくても、ひと目見たいという願望がある。日本人としてのアイデンティティーを求めている。両陛下をじかに見るだけで慰撫《いぶ》されると思う」

「よし、そうしよう。なんとかしてみる。奉迎なら両陛下のお声かけもあるだろう」

異例の大統領の出迎え

マニラの南東約百十キロのラグナ州カリラヤに日本政府が建立した「比島戦没者の碑」がある。両陛下はここを訪れ、供花・拝礼する予定だったが、戦争の歴史を振り返る「記憶喚起の旅」の柱に日系残留二世が加わった。年が明けて、両陛下の訪問が近くなると各メディアも日系残留二世について取り上げ始めた。

両陛下は年末に慣例どおり庄司防衛研究所戦史研究センター長からフィリピン戦についてレクチャーを受け、出発の一週間前にはフィリピン戦の戦没者遺族と懇談した。

二〇一六年一月二十六日午前十一時二十分過ぎ、両陛下を乗せた政府専用機は羽田を離陸した。出発前の空港貴賓室でのお言葉は「フィリピンでは、先の戦争において、フィリピン人、米国人、日本人の多くの命が失われました。なかでもマニラの市街戦においては、膨大な数に及ぶ無辜のフィリピン市民が犠牲になりました。私どもはこのことを常に心に置き、このたびの訪問を果たしていきたいと思っています」だった。

天皇、皇后としては初訪問だが、両陛下は皇太子夫妻時代の一九六二年に同国を訪問している。反日感情がまだ根強い時期だったが、フィリピン人犠牲者の追悼や戦災孤児施設を訪問する両陛下の姿が好感をもって迎えられ、戦後の日比関係の転機になったともいわれている。

約四時間二十分の飛行後、現地時間の午後二時四十分ごろ（日本との時差はマイナス一時間）にマニラのニノイ・アキノ国際空港に着陸。タラップ下ではアキノ大統領が出迎えた。フィリピンでは副大統領が国賓を出迎えるのが通例で、大統領が直々に迎えるのは異例だという。最大限のもてなしを、という大統領の意向らしい。

宿舎のソフィテルホテルに着いた両陛下は、夕刻から恒例の青年海外協力隊員との懇談。そのあと隊員らとともに有名なマニラ湾の夕日を遠望した。その際、ヘリが湾内をたびたび横切るので「興ざめだなあ」と思っていたら、日本の海上保安庁のヘリだった。

両陛下が訪問予定のカリラヤの戦没者慰霊碑まではマニラから車で二時間以上かかる。

日程的に厳しいので、パラオと同様に海保のヘリを使うことになった。ヘリを搭載した巡視船「あきつしま」が三日前からマニラ湾に停泊していた。カリラヤは標高三百メートルほどの丘陵地帯で雲がかかりやすく、天候によっては着陸が難しいとされているため、事前にフィリピン入りしてさかんに飛行演習をしていたようだ。

出発前、宮内庁のある幹部は「カリラヤ付近に一泊という案もあったが、現地にはろくなホテルがない。やむなくペリリュー島と同じくヘリ移動にする。現地に多大な被害を与えたので、日本人の慰霊碑を訪れるのにフィリピン側のヘリは頼みづらい。ただ、海保はヘリを出し渋っている。しかし、自衛隊のヘリを使うわけにはいかない。海保に出してもらうよ」と話していた。

翌二十七日はフィリピン側の歓迎行事の日。朝食後、地元紙「フィリピン・スター」を見ると、1面で両陛下訪問を報じていた。記事の冒頭には南沙諸島をめぐる対中政策で日比の連携が必要である旨の記述があった。天皇の親善訪問は政治とは無関係という日本での建前は外国では通じない。また、紙面の下の方にフィリピン人慰安婦の問題について小さな記事が載っていた。

午前は大統領府のマラカニアン宮殿での歓迎式典と両陛下、アキノ大統領との会見。両陛下の車は予定よりも三十分遅れて大統領府に到着した。あとで聞いたところ、宮殿で待つ大統領側の準備が整っていなかったため、両陛下の車列が待たされていたのだという。「歓迎行事の準備なんて、かなり前からやっているはずだろう」と不思議に思う。

昼はマニラ市の中心部のリサール公園で、フィリピン独立の礎を築いた国民的英雄、ホセ・リサールの記念碑に両陛下が花輪を捧げる。ここでも両陛下の車の到着は予定より二十分超遅れた。マニラは世界有数の大渋滞都市。大規模な交通規制を敷くと大混乱になりかねないので、日本のような分単位のスケジュール進行は不可能だ。

ちなみに前日に使われた両陛下の車は防弾車で、スモークガラスの窓は開閉ができないものだった。窓を開けて沿道の人たちに手を振りたいという両陛下の希望があり、この日の車は防弾車だが、窓が開閉できてガラスも透明なものに差しかえられていた。

無名戦士の墓で二分間の拝礼

いったんホテルへもどったあと、午後二時過ぎに両陛下が訪問予定の英雄墓地へ先乗りするために報道バスで出発する。すごい渋滞だったが、白バイが先導してくれたおかげでなんとか到着。「無名戦士の墓」のモニュメント前でしばし待機する。モニュメントは霊柩をかたどったものらしい。

日差しが強く、日本の真夏のように暑い。三時二十五分に両陛下到着。こんどは五分程度の遅れですんだ。両陛下は花輪を捧げ拝礼。そのときすごい音の弔砲が響き渡る。両陛下の拝礼は深々と長く、二分近くに及ぶ。続いて葬送歌が演奏された。

無名戦士の墓への供花は、すべての戦没者を慰霊したいという両陛下の意向により日程に組み込まれた。日本の戦争によって百万人以上の犠牲者を出したといわれるフィリピンである。日本の天皇、皇后がやってきて、日本人の慰霊碑だけを追悼して帰るわけにはいかなかったのであろう。

両陛下の長い拝礼は、フィリピンに対する「申しわけない」という気持ちがにじみ出ているように思えた。この慰霊は同国でも好意的に受けとめられたようで、翌日のフィリピン・スター紙は拝礼する両陛下の写真を大きく掲載した。

無名戦士の墓への供花が終わったあと、夜はアキノ大統領主催の晩餐会が開かれた。この取材は各社で記者一人の枠しかないため、ともに同行していたA記者に任せて、私はホテルのワーキングルームのテレビで晩餐会の模様を見守った。

冒頭のお言葉で天皇陛下は一九六二年にフィリピンを初訪問したときの歓迎に謝意を表し、中世につくられた日本人町など同国と日本との交流の歴史について触れた。そして先の戦争について次のように言及した。

「昨年私どもは、先の大戦が終わって七十年の年を迎えました。この戦争においては、貴国の国内において日米両国間の熾烈な戦闘が行われ、このことにより貴国の多くの人が命を失い、傷つきました。このことは、私ども日本人が決して忘れてはならないことであり、このたびの訪問においても、私どもはこのことを深く心に置き、旅の日々を過ごすつもりでいます」

これに対するアキノ大統領のスピーチには直接戦争に触れるものはなかった。今回の両陛下の訪問は国交正常化六十周年の親善が目的であり、戦争を「言挙《ことあ》げ」しない配慮がうかがえた。ただ、微妙な部分もあった。

「貴国の象徴として、善意を体現する存在として、天皇、皇后両陛下がいかなる困難を担われてきたのか、私には想像することしかできません。私が大統領の座に就く際には、任期中に限っては自身を犠牲にしなければならないということを十分承知して、国民から負託されたこの職務を引き受けました。その私が両陛下にお会いして実感し、畏敬の念を抱いたのは、両陛下は生まれながらにしてこうした重荷を担い、両国の歴史に影を落とした時期に他者が下した決断の重みを背負ってこられねばならなかったということです」

かなりもって回ったいい方で、最初は一読して理解できなかった。「他者が下した決断の重み」は昭和天皇の開戦の決断と戦争責任で、天皇陛下は直接関係がないにもかかわらず、その立場ゆえに「重荷」としてそれを負い続けてきたということだろうか。

国賓への礼として、直截に戦争には触れないが、さりとてまったく言及なしでは戦争で甚大な被害を受けた国として面目が立たない。苦肉の策として、昭和天皇をチクリと批判して、けれども天皇陛下には責任はありませんよ、と釈明しているようだ。これは私の解釈だが、どうもよくわからないスピーチだった。

日系二世に「あなたたちを誇りに思う」

フィリピン滞在三日目の二十八日正午ごろ、宿舎のホテルで恒例の両陛下と在留邦人代表との懇談があった。しかし、ここに招かれた日系人代表は五人だけ（加えて配偶者三人）。この日、マニラには各地から九十人近い残留日系二世が駆けつけていたというのに、外務省、日本大使館の仕切りでは彼らの大部分はカヤの外だった。あとの在留邦人代表は日本人商工会や日本企業の支店長など。

どこかおかしいと思う。歴史を深く考察し、苦難を被った人たちに心を寄せようという天皇陛下の呼びかけも、スケジュールを組む人たちには馬耳東風《ばじとうふう》らしい。

在留邦人代表との懇談が終わったあと、両陛下はホテル一階のロビーに移動して日系二世八十六人と懇談した。当初はホテル玄関で奉迎の予定だったが、このことを天皇陛下に説明したところ、陛下から「日差しの強いマニラで高齢の人たちを外で待たせておくのはどうか。ロビーの中で待ってもらうことはできないのか」との話があったという。

このためロビーでの懇談に変更された。玄関前だと五十人という制限があったが、場所がロビーになったおかげで百人まで可能になった。マニラに集まった日系二世全員が間近で両陛下を見ることができる。

日の丸の小旗を持って整列する二世らに両陛下が近寄り声をかける。あくまで奉迎という形式だったが、そのまま通り過ぎる両陛下ではない。多くの人が涙ぐんでいる。

天皇陛下「こちらで生まれた方？」

女性「……」

天皇「大変だったですね」

天皇陛下は別の女性に「どうぞお体を大切にね」と話しかける。さらに車いすの女性に「どちらからですか？」と聞くが、女性は黙って答えず。陛下「気をつけて」という。

声をかけられて答えないのは、感極まってということもあるだろうが、彼女たちが日本語を話せないからだった。差別、迫害を恐れ、日系人であることをひた隠しにして生きてきた。父の国の言葉を話す機会がなかったのだ。

ただ、日本語を話せる人も少なからずいて、ある女性は天皇陛下に「私の父は日本人ですが、父に会ったことはありません。陛下にお目にかかることができて光栄です」と話していた。陛下に「お父さんは戦争で亡くされたの？」と聞かれ、「行方不明です」と答える人もいた。

皇后さまは「ご苦労さまでございましたね。気をつけてね」「遠くから来て下さったの？」などといって、手をとって顔を寄せて話しかけている。

日本語ができない人には「Nice to see you」「Thank you so much for coming」「I am very proud of you」と、通訳を介さず英語でやりとりしていた。

最後に天皇陛下が「きょうは各地から来られたみなさんにお会いできて大変うれしく思います。戦争中はみなさんずいぶんご苦労も多かったと思いますが、それぞれの社会において良い市民として活躍して今日に至っているということを大変うれしく誇らしく思っています。どうもありがとう。どうぞお元気で」と〝スピーチ〟した。

両陛下の「あなたたちを誇りに思う」という言葉が印象的だった。フィリピン人とみなされず、日本人にもなれず、差別と貧困に苦しんできた人たち。父親の国・日本をアイデンティティーのかすかなよりどころとして生きてきた彼らにとって、思いやりのこもった言葉だった。

両陛下はできるだけ多くの人に声をかけようとしていたが、九十人近くもいると全員に親しく接するのは難しかった。ホテルのロビーなので、大人数があまり長い時間滞留し続けることもできない。お年寄りばかりなのに、皆立ったままだ。なかには両陛下と話すのをあきらめて、うしろの方の椅子に腰掛けてただ眺めている人もいた。

懇談の部屋を設けて、高齢者のために椅子を用意しておけば、両陛下と二世らはもっと余裕をもって会話ができたはずだ。天皇陛下にいわれなければ、この老人たちは直射日光のもとでホテルの玄関前に立たされていた。彼らを同胞とみているのか疑わしくなる、日本大使館の大失点だった。

雲の切れ間からのヘリ着陸

この日の夜、日本大使公邸で開かれたレセプションで、戦後、モンテンルパ収容所に収監されていた日本人ＢＣ級戦犯に恩赦を与えて帰国させた故キリノ大統領の孫娘と両陛下の対面があった。キリノ大統領はマニラ市街戦のさなか、妻子を日本兵に殺害された人だ。日本人にとっては〝義挙〟であり、同大統領は恩人とたたえる報道が目立った。ただ、当時は賠償問題など政治的な思惑も絡んでいたことも事実だ。フィリピン国民の感情を抑えて恩赦が実行された。「ＢＣ級戦犯が無実だったからだ」ととらえたとしたら早計であり、歴史に目を塞いでいることになる。

翌日の二十九日は両陛下によるカリラヤの比島戦没者の碑の慰霊訪問が予定されていた。

私たち同行記者にとっては、今回のフィリピン訪問のメーンイベントである。

両陛下はヘリで午前十一時過ぎに現地到着の予定だったが、私たち記者は陸路のため、まだ日が昇りきらない早朝六時半にホテルを出発した。報道バスは二台。テレビの記者は中継の準備などがあるため、カリラヤ近辺で前泊組が多い。

マニラ市内は白バイが先導してくれたおかげで渋滞に巻きこまれず。しばらくは高速道路を走行する。郊外で高速道を下りると、徐々に山岳地帯の道路に入る。田舎道を走っているようだが、街並みは途切れず。どこへ行っても一つの街のような集落が続く。人口が密集した地域が多い。

途中、「温泉」や「麻布食堂」といった日本語の看板も見られる。乗り合いタクシーのジプニーがさかんに走っている。前夜から朝にかけて雨が降ったらしく、山に近づくにつれ路面が濡れてくる。雲が出てきて小雨になったかと思うと、さっと晴れたりする。めまぐるしく変わる山の天気だ。きれいな虹が何度も見える。しかし、雨が降ると両陛下のヘリが着陸できない可能性があるので、心穏やかではない。

三時間弱走って午前九時半前にカリラヤの自然公園に到着する。先乗りの報道陣や政府、遺族会関係者の姿が多数見える。この一角は日本のようだ。階段を上った先の丘にある慰霊碑を見学する。

比島戦没者の碑は一九七三年に日本政府が建立したもので、海外で最初の戦没者慰霊碑だ。台座の下には鉄かぶとや飯ごうなど日本兵の遺品が納められている。

慰霊碑前では遺族会や高齢の元日本兵ら約百五十人が待機している。両陛下が到着するまでの間、リハーサルをしていた。午前十時半を過ぎたころ、天候がにわかに怪しくなり、激しいスコールになる。中継を予定していたテレビのスタッフらはかなり慌てていた。そこへ両陛下のヘリが十時二十一分にマニラを出発したとの知らせが入る。現場にいた人間の多くは、この天候では着陸は無理で、予定の大幅変更は避けられないと感じていた。

十一時を過ぎたころにようやく雨が上がり、雲間から日が差し始めた。十一時十分前に両陛下のヘリが着陸予定の場所に無事着いたとの連絡が入った。そして天気は一転して快方へ向かう。上空の厚い雲が消え、真夏のような日差しが注いできた。

ヘリがカリラヤ上空に到着した時点で厚い雲に覆われていたため、着陸は無理と思われた。しかし、わずかに雲の切れ間が見つかり、海保のヘリはそこからなんとか着陸できたという。随伴してきたフィリピン軍のヘリは着陸をあきらめて引き返した。

十一時五十分過ぎ、両陛下の車が到着。遺族、元日本兵らが見守るなか、両陛下は慰霊碑まで進む。説明役の厚労事務次官が先導する。前任の村木次官のペリリュー島での長い説明が〝教訓〟となったのか、両陛下が慰霊碑の前に着くと、さっと視野から消えた。

「この日のことを英霊に報告したい」

十一時五十五分、両陛下は慰霊碑に一礼し、白菊の花束を台座に供えて深く拝礼した。拝礼の時間は意外に短く数秒程度。その後、ゆっくりと遺族らの方へ歩み寄り、芝生の上に足を踏み入れて順番に言葉をかけていった。

ルソン島で戦死した父親の写真を持った七十一歳の男性に天皇陛下は「残念なことでしたね。おいくつだったんですか」と声をかける。男性が「二十代で」と応じ、「(父が)出征してから私は生まれました」と説明する。

皇后さまは写真を見て「お父上？　お若いお父さん。おいくつでしたか当時は？　ありがとう、拝見させていただいて」と話しかける。

「マニラ市街戦で父が戦死しました」という七十八歳の男性。天皇陛下は「マニラはずいぶん市街戦があってね」と応じる。男性がフィリピン戦の方面軍司令官だった山下奉文大将のことを話すと、陛下は「山下大将の夫人にはお会いしました。白菊遺族会で」と答えた。白菊遺族会は刑死・病死した戦犯の遺族の会で、山下大将の妻・久子が初代会長だった。

父親をルソン島で亡くした七十九歳の女性は一九七七年から巡礼の旅を続け、肉親の最

フィリピン・カリラヤの比島戦没者の碑に供花を終え、レイテ戦生還兵と懇談する天皇、皇后両陛下。2016年1月29日（時事）

期を知りたいという遺族に情報を提供してきた。天皇陛下は「遺族のためにいろいろと本当に尽くしていただき、ありがとうございます」という。女性は「もったいのうございます。父も喜んでいると思います」と声を詰まらせる。皇后さまが「ありがとう。気をつけてお帰りくださいませ」とねぎらった。

レイテ島からの生還兵である九十五歳の男性が紹介される。天皇陛下が「戦争の始まる前からこちらで？」と質問。男性が戦後遺骨収集に努めていることを伝えると、「ああそう、ずいぶんいろんな所に遺骨があるから本当に……」と応じる。

男性は翌日以降にレイテやセブの慰霊碑を訪れる予定で、「きょうのことを報告したいと思います」と話した。天皇陛下は「遺族のためにいろいろ尽くしていただき、ごくろうさまです」とねぎらう。皇后さまは「レイテもセブもずいぶん遠くございますね。気をつけて帰っていらしてくださいね」と気づかっていた。

ルソン島で戦友がほとんど亡くなったという八十九歳の生還兵が「この日のことを英霊に報告したい」と天皇陛下にいう。陛下は「本当に遺族のためにいろいろ尽くされてね」といい、皇后さまに「(この方は)遺骨収集(をされている)」と紹介する。皇后さまは「ごくろうさまでございました。気をつけていってらしてくださいませね、大事にね」とやさしく話しかけていた。

レイテ島の方角をじっと見つめる

両陛下のフィリピン戦没者慰霊は終わった。外国親善訪問に戦没者慰霊が加わったのは初めてであり、唯一のケースとなった。翌三十日、両陛下はフィリピンをあとにした。ホテルから空港まで、あの大渋滞のマニラの道路が完全に封鎖され、両陛下の車列を通した。アキノ大統領は政府専用機の前まで見送りに来た。フィリピン側の特別な配慮を感じた。

河相侍従長によると、政府専用機が離陸してまもなく、両陛下から「来るように」との連絡があり、「レイテ島はどちらか」と尋ねられたという。侍従長は「六百キロ近く離れて見えませんが、あちらの方角です」と説明した。両陛下は窓からその方角をじっと見つめていたという。機上からレイテ島の方を見たいという両陛下の要望を受けて、政府専用機は離陸直後の空路を特別に設定していた。

私は帰国後の総括記事に戦争末期、各戦場の玉砕を伝えるラジオ放送で流された「海行かば」を引用した。

「海行かば　水漬《みづ》く屍《かばね》　山行かば　草生《くさむ》す屍」

フィリピンには約六十三万人の兵が送り込まれ、一般人を含めて約五十二万人の戦没者を出した。フィリピン諸島の近海では約四百十隻の艦船が沈み、約八万人が海に眠る。陸では多くの兵士が山中に追い込まれ、大部分は砲弾よりも、飢えによって命を落とした。フィリピンは「海行かば」そのものの凄惨な戦場だった。

これほどの悲劇を生みながら、フィリピンでの戦争についての日本人の記憶は霧がかかったようにぼやけていた。屍だけではなく、記憶も海や山に捨て置かれていたと思った。

かつて羽毛田信吾元宮内庁長官に次のような話を聞いたことがある。

「天皇陛下は戦争の記憶が風化することを懸念されている。サイパン、ペリリュー、フィリピンなどの悲惨な戦争だ。世の中が戦争の歴史を知る世代から知らない世代に移り代わって、その記憶が薄れている。陛下は歴史を非常に大事にされている。骨の髄から平和を望まれ、軍事への拒否感が強いと感じる」

　カリラヤの比島戦没者の碑に拝礼する両陛下の姿は、フィリピンでの痛ましい事実を心に刻み続けることこそが最大の慰霊であると気づかせてくれる。

　ただ、フィリピンにおいてはそれだけで済ませてはならないことがある。天皇陛下がアキノ大統領主催の晩餐会で、日米の戦闘によりフィリピンの多くの人々が命を失い、傷ついたことを「日本人が決して忘れてはならないこと」と述べたように、百万人を超える同国の犠牲は日本による戦争がもたらしたものである。それゆえ、両陛下は滞在中にフィリピンの戦没者をまつる無名戦士の墓で深く拝礼した。

　これまでのサイパン、パラオの海外慰霊の旅とは違い、日本の戦争による他国の犠牲者に対する追悼という側面も今回の訪問にはあった。

　アキノ大統領が晩餐会で述べた、「重荷」を担い続ける両陛下に「畏敬の念を抱く」という言葉は、加害と被害の両面に真摯に向き合い、成熟した平和国家を体現している姿に向けられたものかもしれない。

第六章 周縁から見た日本

島々への旅

沖永良部島の国頭小学校を訪問し、児童らによる民謡「永良部百合の花」の演奏と歌を聴く天皇、皇后両陛下。2017年11月18日（時事）

離島ゆえの「困難」

天皇、皇后両陛下が皇太子夫妻時代から訪れた離島は二十一都道県五十四ヵ所にのぼる（二〇一八年三月末時点）。これだけの数の島めぐりを経験した人は、日本でも数えるほどではないかと思う。

このうち、天皇陛下の二〇一六年八月八日の「お言葉」により、私たちが象徴天皇の「遠隔の地や島々への旅」の意義を意識して以降の二件の旅を紹介する。

両陛下は二〇一七年十一月十六〜十八日、鹿児島県屋久島、沖永良部《おきのえらぶ》島、与論島を訪問した。この島々への旅は、当初は二〇一二年二月ごろに検討されていた。このときは奄美大島を拠点に沖永良部島と与論島を訪れる計画だった。しかし、同時期に天皇陛下の心臓冠動脈バイパス手術があったため見送られた。

二〇一五年五月、口永良部《くちのえらぶ》島の新岳《しんだけ》が噴火し、島民全員が屋久島などに避難した。両陛下は被災者の見舞いを強く望んでおり、今回は屋久島で口永良部島民との懇談を行ったあと、沖永良部島、与論島を訪れるスケジュールが組まれた。

両陛下の離島訪問は二〇〇七年十月の福岡県玄界島以来十年ぶり。宮内庁担当記者は張り切っていたが、離島ゆえの「困難」が予想された。各島の飛行場は滑走路が短いため、大型機が着陸できない。両陛下は鹿児島空港で東京からの特別機から小型のプロペラ機に乗り換えなければならなかった。

同行記者は通常は特別機にゆったりと同乗できるのだが、小型機のため随員、記者の数に制限があり、場合によっては一社一人しか同行できないという。小型機内への持ち込み手荷物も一人一個、そのサイズも四五×三五×二〇センチ以内と指定された。手提げかばん一個程度で、荷物の多い記者は数日前に宿泊先のホテルに宅配便で送るようにいわれた。また、東京から両陛下と同行する記者とは別に、現地に先乗りして取材する記者も多かったのだが、沖永良部島、与論島とも小さな島で宿泊施設のキャパシティが大きくない。そこに行幸啓に備えて県職員、警備の警察関係者が大挙乗り込んでくるので、宿の予約がなかなか取れないという状況だった。

「二年前のペリリュー島訪問よりもたいへんな取材になるんじゃないか」などと記者の間で話し合っていた。

出発の十一月十六日朝、羽田空港に集合すると、宮内庁の報道室担当者から「本日、口永良部島民五十六人が急きょ、屋久島で両陛下を奉迎することになった」という連絡が入った。

ピンときて、ある宮内庁幹部に「これは両陛下の希望ですね」とメールする。しばらくして肯定する内容の返信が届いた。第三章で原発事故により全村避難した福島県葛尾村被災者を二〇一六年に両陛下が見舞った際、五人程度に代表者を選別して懇談する形式が始まったことを書いた。

屋久島などの訪問前月の十月末に全国豊かな海づくり大会で両陛下が福岡県を訪問し、七月の九州北部豪雨被災者を見舞った。そこでも同じように、この選別懇談が行われた。私はこのときも「限られた数人の代表者のみで、大部分の被災者はこの感情を共有できない」と、前例踏襲の形式主義を批判する記事を書いた。

両陛下と会話はできなくても、その姿をひと目見たいという人は多い。そのことで勇気づけられる被災者もいるだろう。そういう機会こそ設けるべきではないのか。

なんとなくフィリピンでの日系二世との懇談の構図と似ている。当局の杓子定規な設定を越えて、天皇陛下の配慮により、多くの被災者との出会いの場が実現することになった。

自然な触れ合いと形式的な懇談

午前九時四十分、特別機が離陸。二時間弱のフライトで、十一時半に鹿児島空港に到着した。乗り継ぎのため、ターミナル内で待機する。滑走路の向こう側に天孫降臨神話で有名な高千穂峰《たかちほのみね》がよく見える。若い記者に「知っているか?」と聞くが、皆きょとんとしていた。

午後一時、両陛下と随員、同行記者を乗せた小型プロペラ機「ボンバルディアDHC8―Q400」が屋久島へ向けて離陸した。このプロペラ機は短中距離のフライトではジェット機に匹敵するスピードで飛ぶことができる。大型機に比べれば揺れるが、音は静かだ。機長はベテランが担当しているという。

座席は二十列×二×二の七十四席。座席上の収納ボックスには荷物制限よりももう少し入る余裕があった。役所はいつも大げさに制限したがる。

両陛下は屋久島に着く前に口永良部島を上空から見るため、いつもとは違って右列の窓側に座っている。しかし、ガスが多くて結局島は見えなかった。

二十分ほどで屋久島空港に着陸。思ったより肌寒い。車列で口永良部島被災者との懇談の場である屋久島町総合センターへ向かう。約二十分で到着する。

事前に屋久島に入っていたE記者の報告によると、口永良部島の人口の半分にあたる五十六人の人たちは歓迎の横断幕を持って両陛下を待ち受けていたという。屋久島の保育園の園児も奉迎のなかにいたが、警察によって一時間以上前から待機させられていた。さすがに園児から「もういやだ～」の声が上がっていて、女性警察官がなだめていたらしい。あいも変わらない地方行幸啓の風景だが、こういう奉迎はどこかおかしい。

御料車から降りた両陛下に園児らが「こんにちは〜」「ありがとうございます」と呼びかける。両陛下は奉迎の口永良部島民の前まで歩み寄り、ほぼ一人ひとりに話しかけていく。

天皇陛下「ご無事でよかったですね」「噴火のときはだいぶ大変だったのではないですか」「こちらでの生活はどうでしたか」

皇后さま「ご無事でようございました」「皆さんで一緒に避難を?」「島は機中では霧が深くて見えなくて」

予定時間を過ぎても声かけは続く。約十分。侍従から「陛下そろそろ」といわれて手を振って屋内へ入る。

被災地見舞いの本来の姿はこれだ、と思う。県によって選別された「名士」よりも、名もない人々に心を寄せることこそ、平成の天皇、皇后が実践してきた日本国民統合の象徴のあり方だ。各自治体や警察はそれを理解しているのだろうか。

センター内では例によってテーブルを囲んだ懇談スタイルがセッティングされていた。判で押したような前例主義。口永良部島の区長を中心とした、「選ばれた」被災者五人と屋久島町長が座っている。

両陛下の前で一人ずつ自己紹介していくが、事前に暗記していた言葉を読み上げているような感じで、どこか不自然でぎこちない空気が広がる。ここに呼ばれた人たちはまぎれもない被災者ではあるのだが、あまりに形式化しているのではないだろうか。センターの玄関前で行われたような、両陛下と被災者の自然な触れ合いでよいのではないか。

懇談が始まって約二十分が過ぎ、両陛下に同行して沖永良部島に向かう記者は飛行機に先乗りしなければならないため、取材を途中で切り上げて報道バスに乗り込んだ。あとの取材は居残りのE記者に任せる。

午後三時、特別機は屋久島空港から沖永良部島へ向かった。行幸啓取材で日に三回飛行機に乗るのは初めてだ。約七十分飛行し、四時十五分ごろ、沖永良部空港に着く。口永良部は鹿児島県の大隅半島から六十キロほど南にある屋久島の西隣。沖永良部は五百五十キロ以上離れており、沖縄本島が目の前だ。東京で地名だけ聞いていたら、名前が似ているので近くだろうと勘違いする。

沖永良部島では空港前や沿道の奉迎者は予想していたよりも多い。島の人口は一万四千人を超えており、屋久島より多いことを初めて知った。車列は空港から約四十分かけて午後五時過ぎに宿所のおきえらぶフローラルホテルに到着した。同ホテルは公営国民宿舎で、両陛下が宿泊するホテルとしてはかなり質素だ。

午後六時前から行幸啓主務官（宮内庁総務課長）、侍従、鹿児島県知事の会見が行われた。

乗り継ぎの鹿児島空港で知事から口永良部島の被災と復興状況について両陛下に説明があったこと、両陛下から島の現状について心配と質問があったことなどが紹介される。このほか、両陛下の屋久島の訪問は一九七二年以来四十五年ぶり、沖永良部島は初訪問だということ、奉迎者は屋久島で五千八百人、沖永良部で七千人だったことなど。

侍従からは、飛行機で沖永良部島に向かう途中、両陛下は学童疎開船「対馬丸」が沈没した悪石島付近の海域を見たいとの希望だったが、あいにく雲に隠れて見えず。天皇陛下はじっと海を見つめていた、という話が出た。

戦時中の一九四四年八月、沖縄から鹿児島へ向かっていた対馬丸は、米潜水艦の魚雷攻撃を受けて沈没、学童約八百人を含む約千五百人（氏名判明者数）が犠牲になった。二〇一四年六月、両陛下は那覇市の対馬丸記念館を訪問し、生存者、遺族と懇談している。

小さな島の過剰警備

屋久島から沖永良部島のホテルに着くまで、異様に感じたのは警察の尋常ではない警備態勢だ。地方行幸啓ではつきものの「過剰警備」だが、今回は「こんな小さな島で、これほどの人数が必要なのか」と思えるほど警官の姿が目立った。

初日の仕事を終えたあと、私はホテル五階の大浴場に行こうと浴衣姿で非常階段を上がって行った。エレベーターが停止させられていたためで、これも過剰措置だと思う。非常階段の各階には警官が立っていて、にらみを利かせている。

五階の廊下に出ると、警官がすっ飛んできて「何ですか?」と誰何された。「風呂に入りに来た」というと、「ここは両陛下専用です。出入りできません」と追い出された。

五階が両陛下の宿泊スペースで、全フロア貸し切りだったことを失念していた。それは私が悪いのだが、非常階段の各階に立っていた警官は私が五階の入り口に〝侵入〟するまで何もいわず見ているだけだった。何のために夜通し警備しているのだろう。これこそ「形式警備」ではないのか。警官は記者が泊まっている階の廊下にも立って警戒していた。よほど記者を危険視しているようだ。

五階から追放された私は、別館地下にも大浴場があることを聞き、無事一日の疲れを洗い流すことができた。

十一月十七日、両陛下与論島訪問の日。同島の訪問も初めてだ。朝から小雨模様で風が強く、与論島での予定変更もありうるという。帰りの空模様を考慮して、出発が少し前倒しになる。

午前十時ごろ、車列がホテルを出る。空港までの沿道では、やはり警察官が不必要に多い。サトウキビ畑のなかにまでいる。奉迎者も多いが、例によって待機させられている。

警官が奉迎指導する姿が目立つ。他社の記者によると、前夜、鹿児島県知事が外からホテルにもどったところ、警備の警官に誰何されたという。「俺は知事だ！」と怒っていたというが、知事の顔も知らない他県警からの応援部隊が多いせいだろう。

沿道では奄美方言の看板がいくつか見える。東京の人間には沖縄方言と区別がつかない。島の人たちが話すイントネーションもそうだ。奄美大島、沖永良部島などの奄美群島は、十七世紀初めに薩摩の侵攻を受けるまで琉球王国の勢力圏にあり、文化的にも沖縄との同質性が高い。鹿児島県ではなく沖縄県に属した方がしっくりするようにも思える。歴史のうねりのなかで、地理、行政、文化などの面で分断された地域といえるかもしれない。

与論島の「日の丸街道」

十時五十五分、沖永良部空港発。離陸したと思ったら、十数分で着陸態勢に入る。雲が多く何も見えない。十一時二十分に与論空港に着陸。空港正面玄関にはまたも幼稚園児の奉迎。ここでも長時間待たされたのだろうか。大島紬を着た中高年の婦人連も出迎えていた。

両陛下は御料車ではなくバスに乗る。視察先の百合ヶ浜まで二十数分。驚いたのは沿道の各戸に掲揚された日の丸の旗の多さ。まるで日の丸街道の観だ。金ぴかの玉にチェック柄の竿で、皆新品で同じ種類とみられる。この行幸啓のために配布されたのだろうか。それとも購入を勧奨されたのか。

ベネディクト・アンダーソンの「遠隔地ナショナリズム」を想起する。周縁ゆえのナショナリズムなのか。これほど日章旗にあふれた沿道を見たことがない。途中、与論小学校前を通ると、校舎の正面に「至誠」の文字。吉田松陰が好んだ言葉だが、「そういう土地柄かな」とも思う。

百合ヶ浜に近づくと奉迎者の前でバスがしばし停止。両陛下が立ち上がってお手振りをしていたらしい。天候は良くないが、海はエメラルドグリーンで美しい。両陛下は双眼鏡で沖の中州（百合ヶ浜）を見る。

天皇陛下「あの白く見えるのが」。中州に人がいるのが見えて、「人がいるの」と。与論町長が百合ヶ浜の名物の星の砂の由来の説明をする。星の砂は有孔虫の殻で、珊瑚のカケラもあるという。

陛下「種類が違うんですね」「海がきれいだからね」。自分の年齢分を拾うと幸せになるとの説明。最近は中国人観光客も多くなっているという話も。「周りはずっと環礁が広がっているらしい」と天皇陛下が皇后さまに説明する。

午後は昼食後、与論町地域福祉センターで与論十五夜踊りを鑑賞する。国の重要無形民俗文化財で、地元の保存会の人々が五穀豊穣を祈る舞いを披露した。太鼓二人、踊り六人、旗一人。

「何歳くらいの方たちですか?」「三十歳代です」「ああ、若い方たちですね。練習はどこで?」。皇后さまが説明役にさかんに質問する。

演技が終わって、両陛下は拍手。演者があいさつし、両陛下が声をかける。

皇后さま「十五夜のたびに皆さん作った?」

天皇陛下「七月十三日ですか。それを毎年」

皇后さま「そうやって続いてきたんですね」

天皇陛下「ずいぶん小さいときからやっているんですね。いいものが伝わってよろしいですね」

皇后さま「鳴りものね。ずっと続いていくとようございますね」

両陛下の訪問により、「遠隔の島」の無形民俗文化財が全国に報道された。

ホテル前の海で巡視船が警戒

両陛下は午後三時過ぎに沖永良部島に戻った。雨の中、ホテルの玄関前でまたしても地元の幼稚園児が出迎えていた。ここで両陛下、車を降りてすぐにホテルに入らず、園児らに近寄って声をかける。

この日の朝刊で、私は前日の被災者代表との「形式的」懇談と幼稚園児が長時間待機させられていることを批判する記事を書いた。その記事が両陛下の目にとまったのか。もしくは、雨のなか出迎えてくれた園児の姿に思わず足が動いたのかもしれない。

ホテルに着くと、宮内庁のある幹部から連絡が入った。前日の口永良部島から来た住民五十六人への声かけは「被災者代表者以外の住民も屋久島に来るとわかったので声をかけられることになった。宮内庁や県が住民に来るように呼びかけたのではない。訪問間近になって、かなりの数の住民が自分の意思で屋久島に来るというので、それに対応されたもの。念のため」ということだった。

五人程度の被災者代表しか両陛下に会えない「形式的懇談」への批判に配慮したのでは、との見方もあったが、あくまで偶然だという。

私は「口永良部の人たちはひと目両陛下を見たかったんでしょうね。こういう自然発生的なお声かけではなく、県がそういう場を用意すべきだったと思います。フィリピンでの日系二世との懇談設定の不手際を思い出します」と返事をしておいた。

午後六時半からの記者会見で今回の警備が少々過剰ではないかと思い、E記者に何人の警官が動員されたのか、他県からの応援はどれほどなのかを質問してみるよう促した。警察庁出身の宮内庁総務課長の返事は「警察に聞いてください」とそっけない。

E記者、続けて鹿児島県知事に「前日夜、ホテルの玄関で知事が帰ってきたところ、警察官に誰何されたとか。知事の顔を知らない他県警の警官がいるからか」と質問。知事は「そんなことはない」とシラを切る。知事が憤慨しているところがばっちり目撃されていたのだが。

地方行幸啓での警察の警備体制はほとんど報道されることがない。後日調べると、両陛下訪問の数日前の某紙鹿児島版に「県外からも応援、沿道に警官並ぶ　屋久島で警備訓練」という記事があった。

両陛下の来島に備え、屋久島では県外からの応援警備部隊も加えて大規模な警備訓練が行われていたらしい。空港では両陛下の到着時刻に合わせて車両が整列し、白バイの先導で出発。予定時刻通りに、両陛下が口永良部島の住民らと懇談する町総合センターを往復した。「約九キロの沿道には警備や交通整理にあたる警察官がずらりと並び、日ごろ静かな島は緊張感に包まれた」のだという。

この記事に見られるように、警察は連日ピリピリし続けていた。「形式にとらわれることなく、効果的、かつ、皇室と国民との間の親和を妨げることのないよう」という配慮はあまり見られなかった。

この日も深夜、大浴場へ湯につかりに行ったが、別館へ行く途中の雨風吹きさらしの渡り廊下に警官が一人、雨合羽を着て立っていた。真っ暗な廊下で海の方を凝視して警戒している。それを見ると、なんだか気の毒になる。

沖永良部島滞在最終日の十八日朝、ホテルのレストランで朝食をとっているとき、宮内庁関係者から前日の与論島訪問で、帰りに風雨が強くなって飛行機が飛べない場合は、巡視船で沖永良部島に帰るオプションがあったことを聞く。その場合、同行記者も巡視船に同乗する予定だったという。

「なんだ、巡視船で帰った方がおもしろかったな」とも思う。

両陛下と私たち同行記者が宿泊しているホテルは沖永良部島南端の海岸に面しており、目の前の海を海上保安庁の巡視船が行ったり来たりしているのが気になっていた。某国の潜水艦が攻めてくるわけでもあるまいし、大げさ過ぎる。

この日、両陛下は午前十時過ぎにホテル発の予定。記者は九時半ごろには報道バスに乗り込む。ホテル玄関前にはまたも幼稚園児が待機させられている。女性警察官がさかんに「指導」であやしている。ずっと待たせているのはさすがに気が引けたのか、両陛下の出発前に休憩のため、いったん別の場所に引き揚げさせていた。

九時四十分過ぎに報道バスは先行して花き生産者圃場へ向かう。沖永良部名産のテッポウユリの栽培農家を両陛下が視察するためだ。

到着後、ビニールハウス内で待機する。出荷前のユリはほとんどつぼみ状態。そのなかにきれいに咲いている一角がある。ちょっと不自然。両陛下に見せるために咲かせておいたのか。

両陛下は十時二十分に到着する。説明を受けながらユリのつぼみを見る。風が強く、ビニールハウスが激しく揺れる音で会話はまったく聞き取れず。そうこうするうちに報道バスへの移動を促される。

「永良部百合の花」の合唱で見送り

約二十五分かけて国頭《くにがみ》小学校へ。ここは黒糖作りの実習を行っているめずらしい小学校だ。校門を入ったところに「日本一」と称する立派なガジュマルの木（枝の幅二十三メートル、高さ八メートル）がある。

御料車を降りた両陛下はガジュマルの木を見上げる。しばらく校長室で休憩後、黒糖作り実習の場である郷土学習館前へ移動する。強い風が吹きつけるなか、両陛下はサタグルマというサトウキビを搾る木製装置を児童らが動かす様子をしゃがんで見学。児童らに「これを煮詰めるのね」「どうもありがとう」と声をかける。

このあと学習館内で黒糖作りの最終工程（釜炊き、かきまぜ）を見る。児童らが両陛下に説明する。館内が狭いため、私たち記者は建物の外側で窓からなかの様子をうかがう。しかし、釜の湯気でよく見えず。両陛下はキビ汁を煮詰める鍋の中をのぞき込み、できあがった黒糖を「いただきましょうか」といって試食する。

天皇陛下「甘い味だね。どうもありがとう」、皇后さま「甘くておいしい」。両陛下が学習館を出たあと、侍従長が残りの黒糖をかじっていたので、私たち記者もつまんでみる。甘い。

正午ごろ、両陛下の出発前にガジュマルの木の前で小学校の児童約八十人による民謡「永良部百合の花」の合唱が披露された。先生が三味線を弾く。終わって、両陛下は拍手し、児童らに近づく。

天皇陛下「（この歌は）歌い継がれているの？」、皇后さま「百合の花は、昔は海外に（輸出されていた）？」。車いすの児童がいて、天皇陛下は「何年生？」と聞く。最後に両陛下は「音楽を聴かせてくれてどうもありがとう。有意義に過ごされるように」と声をかけていた。

心温まる児童との触れ合いだったが、この光景がメディアの映像記録に残ることはなかった。鹿児島県の広報が事前の予定通り、合唱終了後にカメラ撮影を打ち切ってしまったからだ。行幸啓の取材に慣れていない県ではこういう杓子定規な対応が見られる。

国頭小学校の視察で両陛下の奄美群島の旅の行事は終わった。このあと和泊町役場で昼食。午後一時四十分ごろ、両陛下の出発前に空港へ先乗りするため報道バスが出る。役場前では小学生が見送り準備で並んでいた。やたらに子どもを奉送迎に使う地域だと思う。聞くと、出生率が高い地域らしい。

全都道府県二巡を達成

午後二時過ぎ、特別機に先乗りする。この三日間、何回金属探知機をくぐり抜けたことか。両陛下と随員が特別機に乗り込み、二時四十五分に離陸。島々ともお別れだ。両陛下は見送りの人たちに手を振るため、最初は機体左側の座席へ。鹿児島までの空路は右側に対馬丸が沈没した悪石島周辺と口永良部島が見える予定のため、離陸後は右側座席に移動する。皇后さま、飲み物を手に天皇陛下に話しかけている。

機長のアナウンスでは午後三時十分ごろに悪石島、同二十分に口永良部、同三十五分に桜島付近を飛行予定だという。しかし、離陸してしばらくは厚い雲に覆われ、海はまったく見えない。悪石島に近づいたが、雲はそのままで、下界は見えなかった。

口永良部島も無理だろうと思っていたところ、同島付近で急に雲が晴れ、島がきれいに見えた。機内で歓声が上がる。新岳から煙は見えず、静かで美しい島だった。両陛下も窓の外を見る。天皇陛下は立ちあがって島を凝視していた。

三時四十五分、鹿児島空港に着陸。両陛下は乗継で約五十分休息時間をとる。記者は四時過ぎに羽田行きの特別機へ乗り込む。三日間の行幸啓で七回目の飛行機搭乗だ。

離島間の移動で小型機に乗り続けてきたため、中型の特別機に乗り込むと記者の間から「大きいなあ」という声。四時三十五分に離陸する。機長から東京上空ではかなり揺れる模様とアナウンスがある。

私個人の経験では、行幸啓の飛行機は揺れることが結構多い。半月ほど前の十月三十日、福岡での全国豊かな海づくり大会からの帰路ではちょうど木枯らし一号が吹き、羽田空港着陸直前は特別機が大揺れでひやりとした。

東京に近づいた五時四十分過ぎから機体が揺れ始めるが、六時十分に無事着陸。両陛下がタラップを降りて御料車に乗り込み、車列が去るまで見届ける。両陛下は車の窓から記者の方に軽く会釈。私たちも礼をする。

三日間の移動距離は約三千三百キロ。両陛下の離島訪問はこれで五十三カ所目。そして今回、鹿児島県を訪問したことで、即位後に全四十七都道府県を二巡したことになった。一巡を達成したのは二〇〇三（平成十五）年で、やはり鹿児島県訪問だった。天皇陛下は二

○○九年の在位二十年記念式典で、国内各地を旅する意義について次のように述べている。

「即位以来、国内各地を訪問することに努め、十五年ですべての都道府県を訪れることができました。国と国民の姿を知り、国民と気持ちを分かち合うことを、大切なことであると考えてきました。それぞれの地域で、高齢化を始めとして様々な課題に対応を迫られていることが察せられましたが、訪れた地域はいずれもそれぞれに美しく、容易でない状況の中でも、人々が助け合い、自分たちの住む地域を少しでも向上させようと努力している姿を頼もしく見てきました。これからも、皇后と共に、各地に住む人々の生活に心を寄せていくつもりです」

日本最西端の島へ

天皇陛下は常々、日本の最果てを訪ねることを希望していたという。日本最北端の宗谷岬には一九八九年九月に訪問を果たしている。日本が領有を主張している北方領土の択捉《えとろふ》島はさらに北だが、政治的に訪問は無理だ。

残るは南と東西の端になる。最南端は沖ノ鳥島。ここはいわゆる岩礁であり、とても天皇、皇后が訪問できる場所ではない。陛下は「最南端に行けないだろうか？」と聞いたことがあるようだが、側近が「無理です」と説明したらしい。

最東端は南鳥島だが、絶海の孤島で、日帰りはできない距離にある。両陛下や随員が宿泊できる施設もない。ちなみに沖ノ鳥島と南鳥島はともに東京都小笠原村になる。日本の東南の果てが東京だと知っている人はどれだけいるだろうか。

最西端は沖縄県の与那国島だ。人口は約千七百人。両陛下が宿泊できる施設はないが、沖縄本島から五百キロほどで、飛行機での日帰りが可能だ。

退位まで一年一カ月となった二〇一八年三月末、両陛下は同島を訪問することになった。五十四島目の離島訪問だ。

三月二十七日午前十一時前、両陛下を乗せた特別機が羽田空港を飛び立った。この日の東京は春の日差しがまぶしく、初夏のように暖かかった。沖縄用に夏物スーツを着ていたが寒くない。

離陸前、特別機の前で御料車から降りる際、皇后さまが少しもたついて時間がかかった。足が痛いせいだろう。タラップを上るときもつらそうに見えた。

一週間前、宮内庁は皇后さまが足に強い痛みがあるため、二十一日の宮中祭祀「春季皇霊祭の儀」への出席を取りやめると発表していた。皇后さまは腕や肩に痛みが出る持病の頸椎《けいつい》症性神経根症の痛みも続いていた。

離陸して間もなく、機体右側に雪をいただく美しい富士山が大きく見える。午後一時半ごろに那覇空港に着陸する。両陛下、随員のあとに続いて、同行記者もターミナルへと向かう。翁長《おなが》沖縄県知事、県議会議長、県警本部長、那覇市長らが出迎えていた。このほか地元議員ら奉迎者が並ぶ。

両陛下が奉迎者の前を会釈しながら通り過ぎようとしたとき、「天皇皇后両陛下、ご来県バンザーイ!」の声が上がる。それに合わせて多くの奉迎者が万歳を三唱した。ちょっと面食らう。

翌日の琉球新報によると、最初にバンザイを叫んだのは沖縄県議らしい。同紙は県議がバンザイを叫んだあと「万歳する人はほとんどおらず、天皇、皇后は硬い表情を見せた」と書いていたが、そういう様子には見えなかった。

両陛下は空港の休所でしばらく休憩。同行記者はターミナル一階の報道バス前で待つ。二時、両陛下の御料車が出発する。奉迎者から「天皇皇后両陛下バンザーイ」の歓声が何度も上がる。

天皇に対する感情の変化

車列は約四十分かけて沖縄本島南部の沖縄平和祈念堂へ向かう。途中、ひめゆりの塔の前を通り、御料車は徐行する。塔は道路左側なので、後部座席左に座っている皇后さまは塔に向かって軽く拝礼した。しかし、天皇陛下は反対側だったため、沿道奉迎者へのお手振りに集中していてひめゆりの塔の前を通過したことに気がつかなかったようだ。

平和祈念堂に到着すると、出迎えの中心に見覚えのある顔が。「なんで沖縄に？」と思ったが、二〇〇六年から一一年まで東宮大夫を務めていた野村一成さんではないか。財団法人「沖縄協会」会長に収まっていたらしい。同協会の前身は沖縄の本土復帰運動を行っていた南方同胞援護会で、現在は平和祈念堂の管理、運営を行っているという。

野村さんは東宮大夫時代に皇太子家の長女、愛子さまが学習院初等科で男子児童から「いじめ」を受けて不登校になっていることを突然発表したほか、右翼系団体の機関紙に気軽に投稿することがあった。私は「もう少し慎重、熟慮が必要ではないか」という印象をもっていた。

同行記者は小型のバスに乗り換えて、戦没者墓苑に先乗りする。墓苑前には戦没者遺族らが待機していた。この日の最高気温は二十四度だったが、日差しは本土の夏に近い。しばらく立っていると背中がじりじりと熱くなる。遺族は九十八歳を最高齢に七十〜八十歳代の高齢者が多く、椅子に座ってはいたが、大丈夫だろうかと思う。

三時過ぎ、両陛下が到着する。遺族一人ひとりに声をかけていく。皇后さま、痛みのせいで足の運びがかなりぎこちなく、ロボットのような歩き方。飛行機や車で長時間の移動をしたあとは痛みが出やすいようだが、これほど具合の悪い様子はめずらしい。

両陛下、白菊を手に墓苑前でまず拝礼。そして供花し、また拝礼する。御料車に戻るまでまた遺族に声をかけていく。到着から十分ほどして、両陛下は墓苑をあとにした。

同行記者はその場に残り、遺族から両陛下とどのような会話があったのかを聞く。いわゆるぶら下がり取材だ。

ここで印象に残ったのが、照屋苗子さんという女性の話だった。八十二歳になる照屋さんは七人兄弟の二女。沖縄戦で那覇から島の南部に逃げるとき、摩文仁の丘付近で米軍の砲撃に遭う。しばらく気絶して、気が付くと膝のあたりが血と肉片だらけだった。しかし、本人に深手はなく、その肉片は砲撃で即死した姉、弟、祖母のものだった。

照屋さんは五人の家族を失い、海岸まで逃げたところで米軍に保護された。崖下の海には死体がいっぱい浮いていたという。

照屋さんは九三年四月、両陛下が即位後に沖縄を初訪問したときに、平和祈念堂で天皇陛下に声をかけられている。陛下がメモなしの「ロングスピーチ」を行ったときだ。私もその場にいたのだが、照屋さんについての記憶はなかった。

当時のメモを見ると、祈念堂で天皇陛下は十一人の遺族と会話しており、そのなかに照屋さんの名があった。私のメモには天皇陛下が「大変でしたね。お父さんを亡くされたんですか、どちらで?」と照屋さんに声をかけたことが記されている。しかし、照屋さんが何と答えたかはメモしていなかった。

このとき両陛下に声をかけられた遺族の大半は感極まって涙をぬぐっていて、言葉もはっきり聞き取れなかった記憶がある。そのためメモに何も書かれていなかったのかもしれない。

当時も両陛下の声かけ後にぶら下がり取材があり、そこで照屋さんは「大変だったのは私ではなく二十年ほど前に亡くなった母。もっと早く来て、母に声をかけていただきたかった」と答えている。このとき、遺族のなかには「天皇としての慰霊が遅すぎる」「謝罪の言葉がない」という反応が少なからずあった。両陛下の真摯な慰霊の姿勢を目の当たりにしても、沖縄の人たちの感情は複雑だった。

二十五年を経て、両陛下の慰霊の感想を聞かれた照屋さんは次のように語った。

「平成五(九三)年に両陛下にお会いしたときには複雑な気持ちだった。感謝の気持ちというよりは、どうして戦争が起こったのだろうと。肉親を失ったものですから。何度か陛下とお会いし、お言葉をかけられて、そして陛下が沖縄にすごくお心を寄せていることを知った。琉歌を作ったり、行事でここ(沖縄)にいらっしゃるときは必ず真っ先に(戦没者墓苑に)献花をされ、犠牲者に対して追悼をしてくださる。そのことがわかってきて、もうこれでいいんじゃないかな、と。いまの気持ちは本当に陛下に対して感謝の気持ちで喜んでお迎えしている」

照屋さんの言葉は、多くの沖縄県民の気持ちを表していると思える。沖縄が戦争で捨て石にされたわだかまりはそう簡単に消えるわけではない。天皇への感情も同じだろう。

両陛下は皇太子夫妻時代を含め、今回が十一回目の沖縄訪問だった。そのつど戦没者墓苑で拝礼・供花し、記者会見などで沖縄の戦争の歴史を忘れてはならないと繰り返してきた営みは、戦争で犠牲を強いられたうえに切り捨てられた沖縄の人々の心の傷を癒やし続けてきたのではないだろうか。天皇という制度は別にして、明仁天皇、美智子皇后と沖縄の魂は十分に通じ合っていると感じた。

分断を埋めようとしてきた天皇

本書が出版される時点で平成時代はまだ続いているが、これが天皇、皇后として最後の沖縄訪問になることはまちがいない。各メディアもそのことを強調し、天皇と沖縄の戦争に焦点を合わせた報道が目立った。

しかし、天皇陛下が沖縄に心を寄せ続ける理由は戦争だけだろうかと思うこともある。両陛下の沖縄訪問に同行取材して感じるのは、本土との分断だ。それは地理、歴史のほか、文化、経済、そして憲法九条のもと、「平和国家・日本」であり続けるための代償としての米軍基地の集積など様々な面に及んでいる。

天皇陛下は琉歌だけではなく、琉球王朝の組踊《くみおどり》など琉球古典芸能にも深い知識と理解がある。二〇〇四年に全国五番目の国立劇場として開場した国立劇場おきなわは、「沖縄にも古典の殿堂を」という陛下の発案から設立への動きが始まった。本土の人間は沖縄の文化をもっと知るべきだ、という思いからであろう。

それは日本人全体が沖縄のことを知らなすぎるということと同義だ。意識の上でも分断は大きい。天皇陛下はその溝を埋めようとしているように見える。

昨今、米軍の普天間基地の辺野古沖移設をめぐって、沖縄に対する心ない言説が目立つが、分断された地域の疎外感と苦痛に対する想像力の欠如によるものだろう。

天皇陛下は戦後五十年を経た一九九六年の記者会見で、沖縄の戦争を記憶することと同等に求められることとして、次のように語っている。

「(沖縄は) 日本と連合国との平和条約が発効し、日本の占領期間が終わった後も、二十年間にわたって米国の施政権下にありました。このような沖縄の歴史を深く認識することが、復帰に努力した沖縄の人々に対する本土の人々の務めであると思っています」

日本が占領から独立したあとも分断され続けてきた沖縄の歴史と心情を忘れてはならな

いということだ。国民統合の象徴として当然の務め、というのは簡単だが、天皇陛下が繰り返しこのことを国民に訴え続けてきたことに感銘を受ける。同じようなことをしてきた政治家はほとんどいない。

夕刻、戦没者墓苑からホテルに戻った両陛下は沖縄の豆記者との交歓会に臨んだ。豆記者は米軍施政下だった沖縄と本土の中学生が記者として相互訪問し交流を深めるため一九六二年から実施されている。六三年には沖縄の豆記者二十四人が初めて東宮御所に招かれた。豆記者は両陛下が沖縄に関心を寄せるきっかけをつくったといわれている。即位後、豆記者との交流は皇太子夫妻に引き継がれている。

この日、両陛下は中学一年生、小学六年生の豆記者らと言葉を交わした。

天皇陛下「（本土は）楽しかったですか？」

豆記者「東宮御所や総理官邸を回って楽しかったです。退位される前にお会いできてよかったです」

皇后さま「東京は楽しかったですか？」

豆記者「とても楽しかったです」

「天皇陛下、日本国、沖縄県バンザイ」

夜八時からは地方行幸啓で恒例の提灯奉迎が行われたのだが、これが他県ではあまり見られない大規模なものだった。「天皇陛下奉迎提灯大パレード」と銘打った行列が那覇市中心部の国際通りを練り歩いた。

主催者発表では約四千人が参加したという。参加者は提灯と日の丸の小旗を持って「天皇陛下バンザイ！」「日本国、沖縄県バンザイ！」を繰り返して行進した。パレード終了後は河川沿いの公園に集合し、両陛下が宿泊するホテルに向かって提灯を振った。

戦争で「天皇陛下バンザイ」を叫んで数多くの市民が集団自決した沖縄では、バンザイに対する強い忌避感があると思っていた。日の丸に対しても一九八七年の国体で焼き捨て事件が起きている。

ただ、単純ではないのは、アメリカ占領時代は日の丸を独立の象徴とみなしている人たちもいたということだ。過去には県議会で「天皇陛下バンザイ、日本国バンザイ、沖縄県バンザイ」と三唱する議員もいて、唱和する議員も少なくなかったという。

日の丸、提灯、バンザイの洪水に、私はまたアンダーソンの遠隔地ナショナリズムを思った。分断されているがゆえの中心への憧憬もあるのだろうか。沖縄の複雑な一面である。

翌二十八日は日本最西端の与那国島訪問だ。今回の沖縄県訪問はこれが本旨だった。この日は晴れ。沖縄は夏の日差しだ。両陛下と私たち同行記者が乗った特別機は午前十時四十五分、那覇空港を離陸した。

出発前は前年十一月の屋久島・奄美群島訪問のような小型機にぎゅうぎゅう詰めを覚悟していたが、与那国島には長い滑走路の飛行場があるらしく、特別機は座席に余裕があるボーイング737型機で、ふだんの行幸啓のようにゆったりと移動できた。

約一時間で与那国空港に着陸。両陛下はタラップを降り、空港の建物へ入る。皇后さまは前日と違って、この日はごくふつうに歩いていた。空港の建物は白塗りの壁で簡素。南の離島の空港はどこも似たような感じだ。

空港の建物前には奉迎者が日の丸の小旗とちぎり絵で字を書いた歓迎の横断幕を持って待機していた。横断幕の言葉は「ドゥナンチマンキ　ワイ　シトゥラシワイ　アラーグフガラサー」。与那国島の方言で「与那国島へいらしてくださり、ありがとうございます」の意味。あとで聞いたが、与那国言葉は沖縄本島の人でもほとんどわからないという。

両陛下が空港建物から出てくるまでの間、撮影のカメラマンらが奉迎者に小旗の振り方など〝リハーサル〟を何度も要望していた。これに対して奉迎者の一角にいた中年の男性らが「なんでわれわれがマスコミのために旗を振らなければならない。おれたちは天皇陛下のために来たので、マスコミのために来たのではない！」と怒り出した。

カメラマンとしては見栄えよく撮りたいという気持ちはわかるが、度が過ぎるのもよくない。警察による奉迎者の「隔離奉迎指導」を批判できなくなる。ただ、カメラマンにかみついた男性らは関西なまりがあり、与那国の島民ではなかったようだ。

西の果ての自衛隊

正午過ぎに両陛下の車列が出発。空港を出てすぐに自衛隊員の堵列《とれつ》がある。行幸啓先では必ず見かける風景だが、私はここでの堵列に注目していた。

与那国島では人口減少抑止と島経済活性化をおもな動機として、二〇〇八年から自衛隊誘致運動が起こった。間近にある尖閣諸島への中国の進出もあり、離島防衛強化を図る防衛省の施策とも合致していた。

しかし、反対する住民も多く、賛否の議論が続いたが、二〇一五年二月の住民投票で賛成が多数を占める。二〇一六年に陸上自衛隊沿岸監視隊が発足するのだが、くしくも今回両陛下が与那国島を訪れたのと同じ、二年前の三月二十八日だった。

単なる偶然だが、発足記念日の天皇、皇后訪問とあって、何らかの特別な奉迎活動もあるやもしれない、と考えていた。島を離れるまで、私は報道バスの窓から沿道を凝視していたが、結局、堵列以外に自衛隊員の姿を見ることはなかった。

空港を出た車列は島東端の東牧場へ向かう。与那国島は断崖が多い。サイパンのバンザ

与那国島の東牧場で与那国馬を見学する天皇、皇后両陛下。2018年３月28日（時事）

イクリフ、スーサイドクリフによく似た崖があり、ぎょっとする。島はテレビドラマ「Ｄｒ．コトー診療所」のロケ地で、観光の目玉にしていた。ただ、コトーの診療所は島の南側で、今回、両陛下の車列は残念ながら通過することはなかった。

午後零時二十分過ぎ、東牧場に到着。ここでは島固有の与那国馬が放牧されている。天皇陛下は幼少期、沖縄・宮古島の在来馬の宮古馬で乗馬を練習したことがある。両方とも小柄で穏やかな性格が似ているらしい。

車を降り、馬がいる芝生へと歩く際、段差のところで皇后さまが少々つらそうに見えた。段差を上るときに陛下と

ＳＰに抱えられるように上っていた。

牧場ではポニーのようにかわいらしい馬が二頭待っていた。陛下は与那国島ではこの与那国馬を見ることを一番楽しみにしていたらしい。

飼育担当者が「（与那国馬は）純血度が高いといわれ、百三十頭ほどいます。与那国町の天然記念物で、茶色一色です。体高は一・一～一・二メートル。農耕馬です」と説明。

陛下は「ずいぶん小さいね」と馬の頭に手を置いてなでる。「とても小さいころ（宮古馬）に乗りました。ほかにはどんな小さい馬がいるの？」と聞く。

担当者「個々の馬は交配から免れて純血度が高いですが、木曽馬などもいます」

陛下「木曽馬ね、あれはずいぶん混ざっているものもあるんでしょ？」などというやりとりが続く。

陛下は学習院高等科時代、馬術部のキャプテンだった。馬について語るときは実にうれしそうだ。牧場の向こう側は広い海が開けている。濃い青の海と緑の芝生の風景のコントラストがすばらしい。


「ヘミングウェイが書いていますね」

東牧場見学後、両陛下は与那国町の施設で昼食、休憩。その間、記者は報道バスで日本最西端の碑がある西崎《いりざき》へ向かう。両陛下は夕刻に視察予定だが、碑の近くの駐車スペースが狭く、報道バスが停まることができない。そのため記者の取材が代表二人に絞られていた。なので、ほかの記者の事前の見学が設定された。

西崎から両陛下の休所の町施設に戻ると、島出身の元豆記者の人たちが歓迎の横断幕で両陛下を待っていた。与那国のような最果ての島からも豆記者が選抜されていたことを知る。

両陛下は昼食後、施設内で沖縄県の天然記念物、世界最大級の蛾「ヨナグニサン」の標本を見学した。予定では本物を見るはずだったが、このときまで羽化していなかったそうだ。羽の先端が蛇の頭のような模様で、これで天敵の鳥から身を守るのだという。

午後三時前、島西部の与那国町立久部良小学校に到着する。広々とした校庭がすべて芝生なので、同行の記者から驚きの声が上がる。ここでは島の民俗芸能の「棒踊り」が披露される。体育館の舞台の上に空港で見たものと同じ与那国言葉による歓迎の横断幕が掲げられていた。

椅子に座った両陛下の前で棒踊りが始まる。太鼓の勇壮な音、剣をかわしてジャンプする若者。子どもたちの演技もあった。離島の伝統芸能でも、前年十一月に見た与論島の「十五夜踊り」は非常にゆったりしたリズムだったが、こちらは激しく舞い踊る。「ずいぶん違うものだ」と思う。

両陛下はこのあと、与那国町の漁業協同組合を視察した。クレーンにつるされたカジキ（全長二・七メートル、百七十キロ）を前に説明を受ける。足元にも大きなカジキが五匹ほど並べられている。

カジキがどう猛な魚だと聞き、天皇陛下は「向かってくるのですか？」と聞く。カジキ釣り大会が年に一度開かれ、国内外から参加者が集まるというので、皇后さまが「名人はいますか？」と質問。

そこで陛下が「ヘミングウェイが書いていますね、カジキね」とカジキと漁師の攻防の話題を振る。ただ、小説のタイトルが思い出せずにいると、皇后さまが「『老人と海』ね」と耳打ち。

陛下が「これはマカジキですか？」と聞くと、漁協の組合長が「船の上から突くんですよ」と説明。陛下は「（戦時中に疎開していた）沼津の近くの海で釣りをしたときに、カジキがいて、漁師の人が突こうとしたけど、だめだった」と話すと、一同から笑いが起こる。

与那国と台湾の深い交流

漁協のあとは、この日最後の予定の西崎視察。代表記者以外は取材ができないので、ほかの記者は報道バスで空港へ先乗りする。途中の沿道の建物の壁には「天皇皇后両陛下歓迎」の旗などが数多くあり、ふと見ると「与那国防衛協会」と書いてある。与那国島への自衛隊誘致活動を行っていた団体だ。

両陛下は午後四時過ぎに西崎に到着。町長の案内で最西端の碑を見学する。代表記者から聞いたその場のやりとりは次のようだった。

天皇陛下「西はどこ？　こっちが西？」

町長「（手で指し示す）われわれは西をイリといい、東をアガリと呼びます。ここは太陽が沈むところですから、与那国の方言でそういいます」

皇后さま「（碑文を読んで）潮はなのちゅらさ」

町長「波が立つようにきれいなところですよという意味です」

碑文は「渡海の西崎の　潮はなの清《ちゅ》らさ　与那国の美童の容姿の清らさ」（海を隔てた西崎によせる波の美しさ　与那国の乙女らの美しさよ）。

天皇陛下「容姿はこちらで何というの？」

「容姿の清らさ」は「カーギヌチュラサ」と発音するらしい。

町長は台湾の方向を示し、「もう少し太陽が沈むと、年に五、六回は（台湾のシルエットが）見られます。ここから百十キロ。東京までは千九百キロです」と説明する。皇后さまが思わず「近い」という。

町長「祖父母らは台湾に出稼ぎに行き、戦前戦後も大変お世話になりました。台湾も日本へのあこがれが残っていて、尋常小学校などの名前が残っています」

天皇陛下「なるほどね」

終戦直後、与那国島は台湾との交易の中継地として繁栄し、最盛期の人口は一万二千人に上ったという（現在は約千七百人）。戦争が終わって、沖縄が本土から切り離されたあとは、一番近い台湾との密貿易が盛んだった。

このことは初日の記者会見で翁長知事から聞いた。両陛下にも同様の説明をしたという。見学の途中、女官長が皇后さまに日傘を差し出す。皇后さまが天皇陛下に傘をかざし、二人で入る。皇后さま、碑の裏の方を指さして歩み寄る。

皇后さま「あちらにあるのは野生のユリでございますかしら」

天皇陛下「テッポウユリの野生のユリね」

少しかがんで二人で見る。

皇后さま「ここにもつぼみ」

天皇陛下「これはふつうのアザミじゃないね」

両陛下の特別機は午後五時前に与那国島をあとにした。かなり予定の詰まった一日で、取材する方はヘトヘトだったが、両陛下は終始笑顔で楽しそうだった。なんとなく「卒業旅行」の感がある。

那覇までの飛行中、西表島、石垣島、多良間島、宮古島がほぼ真下に見える。与那国島に向かうときもそうだった。客室乗務員によると、両陛下が島を見やすいように、定期航路とは違うルートで、高度も通常より下げて飛んでいるという。

車列から外された報道バス

沖縄訪問最終日の二十九日は午前中に豊見城市の沖縄空手会館の視察。一年前に「空手発祥の地・沖縄」を国内外に発信する拠点として設立された新しい施設らしい。空手が沖縄発祥とは、不勉強ながら知らなかった。

両陛下は沖縄空手の歴史などの展示を見学したあと、屋外の特別道場で空手名人らの演武を観覧した。

沖縄三日間の予定はこれで無事終わったのだが、取材する立場としてはフラストレーションがたまる日だった。この日、報道バスが両陛下の車列から外され、まったく追従ができなかったのだ。ホテルから空手会館、会館から空港へ向かう際、報道バスは両陛下の車列に先だって出発させられた。

理由は空手会館で車列の車両が停車する位置に大型の報道バスを進入させることについて、空手会館側の了承が得られなかったことらしい。大型車両の駐車スペースが不足しているからだという。

しかし、行ってみると、会館前の広大な駐車場はがら空きだった。会館側が報道バス追従を了承しなかったとしたら、不可解な対応だ。

私たち同行記者は追従の報道バスから沿道の奉迎者の様子を見ている。奉迎者の数は多いのか、その反応はどうなのか。そこから両陛下に対する地域の思い、ひいては日本国民の象徴天皇に対する感情も見える。車列のなかに入ることは、単に両陛下のあとを追っかけているだけではない。重要な取材なのだ。

それに万が一、御料車にトラブルがあった場合、記者がその場にいないことは大問題だ。今回の沖縄訪問では他の取材現場でも報道バスが追従できないケースが目立った。与那国島では御料車の空港到着から特別機離陸までに時間がなく、同行記者が報道バスで先行するのもやむを得ない事情もあった。しかし、こういうことは極力避けてほしいと、後日宮内庁に要望した。

ただ、最終日に車列に入れなかったため、先行して単独走行する報道バスから沿道の奉迎準備の様子を見ることができた。警察による奉迎指導の姿は相変わらず。奉迎スペースを区分けし、各場所に警官を配置。沿道も警官だらけ。

ソフト警備を意識してカジュアルな服装だが、警帽をかぶっていることと目つきで警官とわかる。空手会館が近づくと、沿道にどうも地元の人間らしくない警官が多いなと思い、よく見ると警視庁の腕章をしている。

行幸啓では近県の警察からの応援はつきものだが、遠路はるばる警視庁の警官が派遣されるのは、沖縄ゆえの事情があるのだろうかとも思う。

中枢から見えない格差

天皇陛下が「象徴的行為」として大切なものとしている「遠隔の地や島々への旅」について、元侍従長の渡辺允氏は「島や僻地に住む人たちは、そのほかの地域に住む人に比べて生活も不便で苦労が多いであろうから、自分たちで励ましたいというお考えからだと思います」（『天皇家の執事』）と書いている。

これまで両陛下の旅に同行してめぐった遠隔の地や島々で思ったことは、この国における格差だ。世界三位の経済大国としてある程度の豊かさが行き渡っているとはいえ、これらの地域では東京ほか大都市圏の人々が当然のように享受していることが難しい。

それは交通、医療、福祉、教育、就労、娯楽など日常生活全般に及ぶ。その地に行くと、あたりまえだが、私たち日本人がすべて同じ風景を見て暮らしているわけではないことがわかる。いくら国家予算を投入しても、地理的に埋めがたい格差は残り続ける。この国の中枢からは見えない、ある意味で忘れられた地域が存在する。

中心から遠い周縁の地と人々に目を配り続け、少なくとも地理的位置によって国民の間に格差はない、というメッセージを発することは、国民統合の象徴である天皇の務めとしては当然のことかもしれない。

しかし、天皇、皇后両陛下が長年、遠隔の地と島々への旅を積み重ね、天皇陛下がその意義を明言するまで、日本人はこのことを意識していなかったと私は思う。

美談としてよく紹介される話だが、昭和天皇に侍従が台風一過を喜ぶ報告をしたとき、天皇は台風によってこれから被害を受けるであろう地域のことを心配し、たしなめたという。私たちの意識のなかにある国土の地図は、かなり自己中心的に描かれている。

両陛下の周縁の旅を取材するとき、私は常日ごろ中央の視点と思考でのみ日本という国を考えていた自分の傲慢さに気がつく。遠隔地・離島など様々な地域への天皇の旅を、王者が支配地域を遠望する「国見」にたとえる人もいるが、浅薄な見方だ。私はひとつの視点だけでこの国を見てはいけないという「内省の旅」の側面があると思っている。

皇后さまは二〇一七年十月の誕生日にあたっての文書回答で、天皇陛下との旅について次のように述べている。

「今年は国内各地への旅も、もしかすると、これが公的に陛下にお供してこれらの府県を訪れる最後の機会かもしれないと思うと、感慨もひとしお深く、いつにも増して日本のそれぞれの土地の美しさを深く感じつつ、旅をいたしました。こうした旅のいずれの土地においても感じられる人々の意識の高さ、真面目さ、勤勉さは、この国の古来から変わらぬ国民性と思いますが、それが各時代を生き抜いてきた人々の知恵と経験の蓄積により、時に地域の文化と言えるまでに高められていると感じることがあります」

天皇陛下が「象徴としてのお務めについてのおことば」で、皇后さまとの旅を「国内のどこにおいても、その地域を愛し、その共同体を地道に支える市井の人々のあることを私に認識させ」た、と意義づけていることと照応している。

そこには余人の及ばぬ旅の経験で得た、様々な地域で生きる人々が受け継いできた歴史と文化に対する深い知識と理解、そして敬意が表れている。

【著者】
井上亮（いのうえ まこと）
1961年大阪生まれ。86年日本経済新聞社に入社。社会部で警視庁、法務省、宮内庁などを担当。現在、編集委員（皇室、近現代史担当）。元宮内庁長官の「富田メモ」報道で2006年度新聞協会賞を受賞。著書に『非常時とジャーナリズム』（日経プレミアシリーズ）、『天皇と葬儀』『焦土からの再生』（ともに新潮社）、『熱風の日本史』（日本経済新聞出版社）、『忘れられた島々「南洋群島」の現代史』（平凡社新書）、『昭和天皇は何と戦っていたのか』（小学館）、『天皇の戦争宝庫』（ちくま新書）、共著に『「東京裁判」を読む』『「ＢＣ級裁判」を読む』（ともに日経ビジネス人文庫）がある。

平凡社新書８８９

象徴天皇の旅
平成に築かれた国民との絆

発行日——2018年８月10日　初版第１刷

著者———井上亮
発行者——下中美都
発行所——株式会社平凡社
東京都千代田区神田神保町3-29　〒101-0051
電話　東京（03）3230-6580［編集］
東京（03）3230-6573［営業］
振替　00180-0-29639
印刷・製本—図書印刷株式会社
装幀———菊地信義

ISBN978-4-582-85889-1
NDC 分類番号288.48　新書判（17.2cm）　総ページ320
平凡社ホームページ　http://www.heibonsha.co.jp/